我们该怎样学习

小多传媒 / 编著

闫 欣 / 改写

上海教育出版社

SHANGHAI EDUCATIONAL
PUBLISHING HOUSE

图书在版编目（CIP）数据

我们该怎样学习 / 小多传媒编著；闫欣改写. —上海：上海教育出版社，2024.4
（"未来少年"书系）
ISBN 978-7-5720-2563-1

Ⅰ.①我… Ⅱ.①小… ②闫… Ⅲ.①学习方法－青少年读物 Ⅳ.①G791-49

中国国家版本馆CIP数据核字(2024)第061273号

策划编辑　刘美文　王　璇
责任编辑　王　璇　陈月姣
封面插画　范林森
装帧设计　TiTi studio
内文插图　部分出自《少年时》及网站freepik (http://www.freepik.com)，部分由AK绘制

我们该怎样学习
WOMEN GAI ZENYANG XUEXI
小多传媒　编著
闫　欣　改写

出版发行　上海教育出版社有限公司
官　　网　www.seph.com.cn
地　　址　上海市闵行区号景路159弄C座
邮　　编　201101
印　　刷　苏州工业园区美柯乐制版印务有限责任公司
开　　本　700×1000　1/16　印张 11.5
字　　数　100 千字
版　　次　2024年5月第1版
印　　次　2024年9月第2次印刷
书　　号　ISBN 978-7-5720-2563-1/G·2257
定　　价　45.00 元

如发现质量问题，读者可向本社调换　电话：021-64373213

推荐序

相伴"少年时" 共谋未来事

2023 年春，我应小多传媒之邀，参加了全程直播的"少年时 100 科学阅读大会"。此次活动以《少年时》出版 100 期为契机，召集多位关心科学教育发展的专家学者，连线全国各地的《少年时》读者家庭，一道探讨家庭教育的智慧和幸福之道，话题涉及阅读与写作、跨学科思维、科学与理性、情感和心理、审美能力等方面内容，丰富而厚重。

如今呈现在大家面前的"未来少年"书系，我想应该就是前述活动的深化与延续了。这是一套由一支高水平团队打造的尤其适合学生课外阅读的图书，堪称提升少年朋友科学和人文综合素养的极佳读本，特别是，对成长于新时代的少年朋友们最有助益。

为什么这么说？

国外有教育界人士尖锐地指出，当下的学校教育和创新需求越来越强的世界之间是完全脱节的。创新的迅猛发展正在迅速淘汰社会结构中稳定的例行职业，蚕食经济体系中的传统工作机会。企业都希望能聘用到凭借创造力去解决实际问题的人，希望这些人能不断找到新方法，为组织增值。因此，这激发了教育工作者的思考：什么才是教育中真正重要的东西？如何为少年朋友们重塑教育，开辟一条更有可能成功的路？

其实，爱因斯坦早在 1936 年所作的一次演讲中，就曾表达过这样的意思。他说："教育的首要目标永远是独立思考和判断的总体能力的培养，而不是获取特定的知识。如果一个人掌握了他的学科的基本原理，并学会了如何独立地思考和工作，那么他肯定会找到属于自己的路。"

另一方面还要看到，我们的教育体系通常都着力于推动学生学习数学、语言、科学和其他"硬技能"的发展，而不太重视人文学科、创作类学科（如音乐、艺术）、元认知技能等所谓"软技能"的培养。针对这一缺憾所提出的 21 世纪技能则包含以下几个方面：学生的批判、探究与创新能力；数字技术的掌握、应用能力；各类文化、社会的适应和实践能力。上述诸方面，"未来少年"书系恰恰都有所涵盖。

事关一个人成长发展的素养，通常可以从多个方面进行考量，最核心的素养，我认为概略说来是两种：科学素养与人文素养。而人的素养的提升，在很大程度上是通过阅读来实现的。这当然不能局限于学校内课程学习中的阅读。

成长中不能没有书香，就像生活里不能没有阳光。阅读滋以心灵深层的营养，让生命充盈智慧的能量。

相伴"少年时"，共谋未来事！

愿"未来少年"书系能够铺展开少年朋友们认识世界的一扇扇窗，也承载一个个梦想起航。愿大家能够感悟创新、创造的奇迹，获得开启心智的收益。在阅读中思考，在思考中进步，在进步中成长！

尹传红

（科普时报社社长、中国科普作家协会副理事长）

总 序

亲爱的少年朋友：

　　你们好呀！先做个自我介绍——我是"未来少年"书系的主编周群，非常荣幸能在这个充满梦想和挑战的时代与你们相遇。

　　让我们来个小热身，想象一下，如果你能和世界上最聪明的人对话，如果你能随时随地穿越到任何一个科学领域，如果你能掌握一种魔法，让你的学习变得轻松有趣，那该多好！告诉你，这并不是梦，这一切的美好，都在我们这套书系里。

　　对，就是这套"未来少年"书系！

　　作为主编，我要郑重其事地向你们介绍这套书系的特点：

　　第一，这是原作者、编者、编辑们共同为你们精心打造的一份礼物。

　　它的诞生，源自一个简单而伟大的愿望：为未来的中国培养具有核心竞争力的青少年。因为我们深知，未来的世界将充满挑战和机遇，而你们，正是这个未来的主角。通向未来的路就藏在你们的好奇心和求知欲中。

　　我们从《少年时》的 100 多册辑刊、2000 多万字的原创篇目中，提取主题内容，经过精心整合和重构，为你们带来了第一辑精彩纷呈的五本书。我们根据同学们的阅读能力和认知特点，将这些内容进行了精心的改写和编排。希望通过我们的智慧和努力，将复杂深奥的知识转化为同学们能够理解和接受的语言，让你们在阅读的过程中既能感受到知识的魅力，又能感受到学习的乐趣。

　　第二，这套书系的内容极其丰富。

　　书系内容涉及科学、文学、艺术、历史、地理等多个领域。每一本书都是一个独立的世界，每一个故事都是打开少年读者心灵的一扇窗户。在这里，你们可以与历史上的英雄对话，可以探索宇宙的奥秘，可以理解艺术的魅力，可以体验运动的快乐，可以感受生活的趣味。在这里，你们将遇见来自世界各地的科学家和学者，他们会用最前沿的研究成果，为你们揭示科学的奥秘、文化的精髓。你们会了解到，无论是微观世界的粒子舞蹈，还是宏观宇宙的星辰闪烁，都是我们共同探索的对象。这些知识不再是枯燥无味的课本内容，而是变成了一个个生动的故事，等待着你们去发现、去感受、去思考。

　　每一本书都像是一扇神秘的大门，等待着你们去推开，去发现里面的宝藏——

《我们该怎样学习》将带你发现自主学习的秘密，让你在知识的海洋中遨游，不仅会教你如何学习，更会教你如何享受学习。

《读懂青春期》则是你们的贴心小伙伴，它会帮你理解自己的情感和身体变化，让你在成长的道路上更加自信。

《每个人都有幸福的能力》，将教你如何在日常生活中找到快乐的源泉。它会告诉你，幸福并不是远在天边的梦想，而是近在咫尺的小事。

而《聊聊写作这件事》则是你的创意伙伴，它会激发你的想象力，让你的文字充满魅力。

最后，《谋划你的未来职业》这本书，将带你一起规划未来，让你的梦想不再遥远。它会告诉你，未来的世界充满无限可能，而你，就是那个能够创造可能的人。

相信通过对第一辑五本书内容的介绍，你还能发现这套书系的第三个特点——跨学科性和实用性非常突出。

原作者和编者们不仅关注科学知识的传授，更重视人文素养的培养和能力的提升。我们希望通过这套书，帮助你们在建立起完整的知识体系的同时，拥有独立思考和解决问题的能力，更具备科学精神和人文关怀相结合的思维方式，让你们不仅能更好地理解当下的世界，也能更好地适应未来，成为未来社会的建设者和领导者。

为了把这套书打造成真正助力你们人生远航的导航仪和望远镜，我们还为这套书配备了一线名师的微课视频。这些资源将帮助你们更深入地理解书中的内容，更全面地掌握知识，更有效地提升自己的能力。想象一下，就像有一群知识渊博的大朋友，随时准备回答你的每一个"为什么"，陪伴你一起成长。

综上所述，作为主编，我更愿意把这套"未来少年"书系称作"桥梁书"——因为它不仅仅是一系列书籍，更是一座连接现实与未来、传统与创新的桥梁。

最后，我谨代表所有参与这项编写工作的老师和编辑祝福你们！愿你们在"未来少年"书系的陪伴下，成长为有知识、有能力、有情怀的新时代少年，成为未来社会的栋梁之材。祝愿你们在知识的海洋中自由遨游，在成长的道路上越走越远，在梦想的天空中绽放光芒！

你们的大朋友

"未来少年"书系主编周群

2024 年 3 月 28 日，于北京孚王府

导　言

快来围观，这是一份 2000 年前的家庭作业

亲爱的小读者：

很高兴你翻开了这本关于学习的小册子，看来你一定是一个对世界满怀好奇，对学习心怀热情的年轻人，你一定正捧着书，眼里闪着清澈的光芒。让我们的探索之旅从一个故事开始吧。

很多年前，在埃及沙漠的一座古代遗址中，考古学家们发现了一个锈迹斑斑、散发着神秘气息的锡盒，它已经被埋藏在沙子底下数千年了。在好奇心的驱使下，专家们小心翼翼地打开锡盒，看到 2000 多年前的莎草纸碎片填满了整个盒子，它们已经被岁月侵蚀得有些破旧了。纸片上密密麻麻地写着看不懂的文字，似乎是一种远古的语言，在诉说着古埃及生活的秘密。

托德·希基博士对此非常着迷，花费了超乎想象的时间耐心拼凑和破译这些文字。终于，谜团被一一揭开。原来，

这些纸片上记录着古埃及人随身携带的符咒,古埃及人相信这些符咒里面蕴含着神秘的力量;还记录着强效药物的制作配方,据说可以治愈各种奇怪的疾病;还有古埃及警察写给皇家书吏的案件报告……然而,最令人惊讶的是,在这些神秘的纸片中间,竟然还有一份小学生的家庭作业!那是一个小学生一遍一遍认真抄写的课文。纸上的字迹虽然已经有些模糊,但仍能依稀辨认出那些字母的形状。专家们不禁捧腹大笑,想象着这个古埃及的小学生坐在石板前,握着芦秆笔努力完成作业的样子,或许他们也有着和现代孩子一样的焦虑和挣扎。透过那些稚嫩的笔触,我们能感受到那份认真和可爱。他肯定不会知道,这份作业将会成为某种特殊的文化遗产。

啊,我看到你的嘴角浮起了温暖的笑意。嘿,年轻的朋友,我知道有时候学习可能会让你觉得有点儿无聊,有点儿疲惫,有点儿挫败,甚至有点儿抓狂。但是,别担心,你正捧着的就是即将把你从沉闷中解救出来的一本好玩儿的学习指南。它将给你不一样的体验,让你明白学习原本就是这个世界上最让人兴奋的事!彻底抛开那些对学习的固有印象吧!深呼吸,尽情拥抱这段全新的学习之旅!

在这里你将遇到脑洞大开又超爱"整活儿"的老师,他会用好玩儿的故事、奇妙的实验、"血泪"的教训和超乎想象的事实来告诉你学习的真相！他将热情地示范如何"投喂"大脑，让它心甘情愿地为你掌管海量知识；他会自信地告诉你哪有那么多智商碾压，"悟性"当然是能训练的；他会传授你改变思维模式的"咒语"，根治拖延、退缩和焦虑的毛病；他还会撺掇着你把几个学科"一勺烩"，拍着胸脯保证你会看到意想不到的火花；他还会拍拍你的肩说，年轻人，成熟的学习者正忙着用互联网资源打造自己的知识地图，你还在亦步亦趋地跟在老师后面吗……他想带着你尝试的还有很多很多。而更重要的是，他要让你明白学习不是被动地坐在教室里，写成堆的作业，迎接一场又一场的考试。学习是为了展示你身上独特的美，为了让你内心渴望实现自我、渴望被尊重的需求得到真正的满足，让你成为一个更聪明、幸福和自由的人！

　　年轻的朋友，准备好了吗？带上你的笑容和好奇心，让我们一起出发吧！

目　录

01

CHAPTER ONE

认知篇 | 关于学习的真相

02

CHAPTER TWO

实践篇 | 再啰唆也得听，学习是你自己的事情

03 CHAPTER THREE

进阶篇 | 持续成长的秘诀

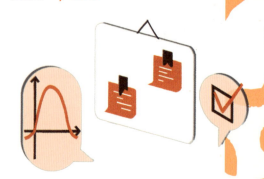

04
CHAPTER FOUR

超越篇 | 如何让学习更高效

01

CHAPTER ONE

认知篇

关于学习的真相

恭喜你踏上了探究学习之旅！

首先让我们聊聊最根本也最重要的话题吧——什么是学习。先别急着皱眉，更不要草草地翻过这个部分。身为学生的你也许觉得"学习是什么我还会不清楚吗"。提到"学习"二字，我的DNA（基因）都动了。毕竟，过去的若干年中，每天白天我会坐在教室里，不吃不喝地看着老师走马灯式地讲课，在老师的"指挥"下跟同桌讨论（当然，也会趁机开个小差）；晚上，我会在父母充满爱意的目光里，乖乖地埋头写作业，甚至不知夜之将至；在发成绩的日子里，我还享有被父母整晚"促膝长谈"的待遇，聆听一番番耳熟能详的教导；偶尔我也给自己安排个心灵按摩，看看励志视频，围观"学霸"秘籍，然后再踌躇满志地关灯睡觉……

的确，这样日复一日的生活太熟悉了。但你有没有过这样的疑惑：为什么大家做着看似差不多的事情，付出差不太多的时间，学习的效果却天差地别呢？难道真的存在"智商鸿沟"这种东西吗？别慌，悄悄地告诉你，那些老师和同学眼中的"学霸"也许只是比你更早地了解了学习的真相罢了！耐心读下去，你会发现关于学习原来有那么多重要又神奇的常识！

学习竟然是古老的生物本能？

　　不知从什么时候起，大家习惯性地把学习和学校、考试、学位联系在一起。但稍加思索就会发现，学习的概念被无形中窄化了。从你降生之日起，你就开始了学习之旅。小时候，你牙牙学语，蹒跚学步，尝试认识和理解周围的事物。长大后,你翻开书页,穿梭于历史长廊,痴迷于数学谜题,沉浸于文学海洋。闲暇时,你热衷运动、弹琴、烹饪、学唱新歌……在与朋友的相处中,你也总能学到一些为人处世的经验……这样看来,学习竟然无处不在,如呼吸般自然,简直就是我们在这个世界上的生活方式。

也许你会吐槽:虽然学习无处不在,但学习真是个苦差事。快乐都是别人的,我只有被"按头学习"的无奈。嘿,别叹气,是时候抛弃这种固有的想法啦,因为学习的真相恰恰相反——学习并不是外在施加的压力,而是刻在你基因中的美妙又崇高的本能!什么?学习竟然是古老的生物本能?没错,它是你赖以生存的最重要的本能。

事实上,学习不是人类的专利,动物也拥有这种本能。试想一下,在几十亿年的地球生物进化史中,一个物种想要生存下来,必须适应复杂多变的环境,并能识别危险,应对天敌,这就是所谓的"适者生存"。幸好人和动物天生就有各种本能,比如寻找食物、水、庇护所的本能,恐惧危险的本能,繁殖本能等。可是大多数本能只能帮助生物适应相对固定的环境,只有学习本能可以让生物不断获得新经验、新技能,从而应对层出不穷、千变万化的挑战。比如,狮子作为天生的猎手,具有顶级的速度、力量、敏锐度,但幼狮却不能凭借这些本能"躺赢"，它们必须跟母狮学会狩猎技能，才能生存。即使是成年狮子，也要根据季节、环境和猎物的变化，不断摸索和学习更合适的狩猎方法。

这样看来，与物种的其他本能相比，学习本能的确重要得多。毕竟，只有那些善于学习的物种才能在严酷的生存考验中幸存下来。了解了这些，你是不是由衷地为拥有强大的学习本能而感到庆幸和骄傲呢？

人类一定要学习吗？

有个有趣的现象：越是高等的动物，对学习的依赖度就越高。你能推测出背后的原因吗？因为越是高等的动物，生活方式就越复杂，本能可以发挥的作用就越小，相应地，学习的作用就越大。作为高等动物，人类祖先经过漫长的学习、实践，掌握了种植谷物、战胜毒蛇猛兽、对付瘟疫等技能，通过不懈的学习和实践才铸造了人类文明，让我们拥有了今天物质层面和精神层面都极为丰富的生活。因此，如果有人问你人类为什么一定要学习，你可以告诉他：如果要继承前人好不容易才积累下来的物质和精神文化，我们就一定要学习。否则，岂不是把人类共同的宝贵经验都扔到一边了吗？这简直是对整个人类历史的辜负。

善于思考的你可能会想，每个人都要学习吗？要继承这些宝藏，是不是让人类精英学习和接受系统教育就可以了？毕竟学习和接受系统教育可不是一件轻松的事儿。这是一个有趣的问题。

其实在人类的早期历史中，的确不是人人都接受系统教育的。当时，教育像一道高高的城墙，将贵族和平民明确地分隔开来。这座城墙是由石头和金属构成的，耸立在贵族府邸或贵族学校的周围，仿佛在告诉平民：学习的大门只为贵族敞开。城墙之内，贵族子弟接受精心设计的系统教育，学习历史、政治、文学、音乐等，由最优秀的教师指导，以

传承统治阶级的地位和权力。对学习的渴望在平民心中燃烧，平民们开始在生活的角落里寻找学习的机会。

在中国，孔子首先打破了贵族对知识的垄断，他开平民教育的先河，使平民开始获得学习的机会。此后又经过了漫长的努力，教育不再是贵族的专利，而成为更多普通人的宝藏。如今，在大多数国家，不同身份和背景的人都有机会追求知识，开拓智慧之路。

都说学习会让人变聪明，知识能够改变命运，事实也的确如此。想想看，人的一生中是不是充满了选择？而每个选择都可能给你的人生带来截然不同的结果。如果放弃学习，那就像蒙着眼睛走人生之路，很可能让人生充满误入歧途的坎坷和错失良机的遗憾。但是，如果你善于学习，情况就截然不同了。你不仅能对自己、他人和社会有更清晰、深入的理解，还能从自己和他人过去的成功和失败中吸取经验教训，避免重蹈覆辙。

学习就像给你的思维打开了一扇大门，让你在做决策的时候，能够看得更深远，更准确地把握住机会。

此外，人刚出生时，各方面都相差不大，但随着成长，会渐渐分化，你会发现有些人终其一生都在为自身的弱点买单；而有些人却能不断完善自己，过上想要的生活。稍加观察你就会发现，后者往往是更善于学习的人。学习能够让人认识并把控自身的弱点，摆脱习惯、依赖和盲目，同时还能让人拥有自己期望的素质，比如高尚的品德、超脱的气质、坚忍不拔的品质等。正如作家萨克雷所言："读书能够开导灵魂，提高和强化人格，激发人们的美好志向，读书能够增长才智和陶冶心灵。"当你通过努力把自己塑造成想要的样子时，你会不会觉得自己正将未来牢牢地握在手中？

人类必须学习的理由是不是多到让你吃惊？心理学家卡尔·罗杰斯认为：人类具有天生的学习愿望和潜能。而学习的目的就是人的价值的自我实现、完美人性的形成以及人的潜能的充分发展。正因如此，各国都以法律的形式要求公民参与学习。从九年到十五年不等的义务教育制度，到国家拨款保障公民享有受教育的权利，这些都是为了让每个人拥有凭借学习实现梦想、改变世界的机会。

怎么样，知道了这些的你是不是已经迫不及待要开始学习了？

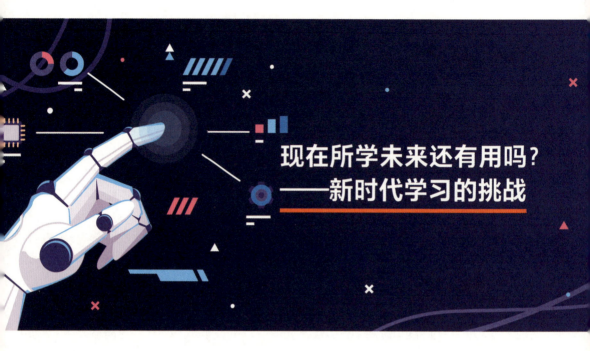

现在所学未来还有用吗？
——新时代学习的挑战

　　一旦投入具体的学习中，你可能会很快产生困惑：现在时代的发展这么快，我学的这些东西将来都有用吗？为什么我不能只学感兴趣的或跟未来职业相关的东西？的确，随着社会和前沿科技的发展，我们在学校学到的知识可能会过时。而且随着时间的推移，你辛辛苦苦学会的知识还可能会被遗忘，或变得不再重要。比如，上学时科科全能的父母，现在辅导你功课时可能也做不出物理难题，证明不出立体几何题了，但这丝毫不影响他们在岗位上工作得游刃有余呀。那我们为什么还要花力气学人类用不上的东西？

这是个很重要的问题。我们不妨换个角度思考。目前全球正在上演一场技术大变革，创新的规则也随之改变。计算机、人工智能、机器人和合成生物学等高科技，正以指数级的速度发展，并加速融合。这些前沿科技的融合不仅带来了一系列令人惊叹的科学突破，同时也要求新时代的人才具备跨领域创新的能力。也就是说，未来你既要有批判性思考的能力去审视问题的本质，还要有跨学科的综合能力去寻找创新的解决方案。拿设计工作举例，从事设计工作的工科学术背景是非常重要的，但如果你还拥有艺术、文学和心理学的知识储备，那你在设计时脑中一定能闪现特别的灵感。事实上，在苹果公司的一流设计师团队中，就有很多非工科出身的设计师。面对巨变的时代，你要如何为未来做好准备呢？其实，你正在接受的全方位的学校教育就在帮助你更好地适应当下的社会环境，更好地理解和应对复杂多变的挑战。

从表面看，你在学校里获得的是各个学科的知识和技能，但学校教育的深层目的在于帮助你发现和发展潜能，培养多种思维能力和社交能力。要知道，各国都是举全国之力，汇集了整个社会的专家力量，才精心编制出一整套教育方案，供学校使用的。编制这套方案的目的就是让你接触各个学科，全面搜索并挖掘你的潜能，然后用适合的方式帮助你成长。

学校除了能在学业上帮你做好应对未来社会的准备，还能利用自身"微缩社会"的属性锻炼你的人际交往能力。学校里聚集了不同家庭背景、不同性格的学生。在这里，你能培养同理心、爱心和合作精神，还能培养社会责任感和竞争精神。这些都是你未来人生路上非常重要的资本！这样看来，多年的学校教育是不是物有所值，应该好好把握呢？

除了技术大变革外，当今社会还处于信息爆炸的时代。在这样的社会背景下，学习无疑是个充满挑战的过程。因为我们将处于身体进化速度严重滞后于信息膨胀速度的困境之中。回顾人类历史，从"认知革命"到1.2万年前的"农业革命"，人类花了7万年；500年前的"科学革命"开启了认知的新篇章；以互联网为代表的技术革命仅用了短短的30年，便促成了信息大爆炸。而今天，人们所面对的信息量是前人无法想象的，但从生物学的角度来看，我们依然是拥有一颗头颅、两条腿的动物。虽然我们的头颅也在努力进化，但远远赶不上需要处理的信息的飞速膨胀。当身体的进化落后于智慧的需求时，人们会感到前所未有的沮丧与挫败。

不过别灰心！历史告诉我们，无论面对怎样的环境，每个时代都留下了适应者的脚印！在这个时代，你要做一个努力的学习者，更要做一个聪明的学习者。传统的学习方式强调获取信息，占有信息就意味着具有领先优势，但这一理念已远远落后于时代。获取信息已经不再困难，真正的挑战是如何将信息变为智慧。因为即使你能将世上所有的信息都消化掉（事实上这不可能做到），你可能仍然无法真正理解这个世界的规律。因为信息并不等于知识，而掌握了知识也并不意味着拥有智慧。智慧在本质上是一种能力，包括分析、判断、发明、创造、解决问题……

那么怎样才能获得智慧呢？学者们认为，最聪明的做法是有意识地培养自己的好奇心和独立思考的能力。因为在好奇心

的驱使下，你会自发地追求知识，不断探索新的技能和领域。而独立思考能力则能让你判断出什么信息是有价值的，什么信息是无价值的，学会在信息的海洋中寻找闪光的珍宝，避免盲目地网罗一切。

哈佛商学院的一项研究也证明了这个观点，他们发现成功人士都具有求知欲、自我认知能力、好奇心和脆弱性。他们渴望了解和掌握新技能，善于认识自己，并能不断思考，提出好问题。他们能容忍自己存在弱点，在学习过程中，他们能让自己回到初学者的心态。

美国学者杰克·麦基罗也发现了一个非常好用的学习诀窍——自我反思。他告诉我们，通过批判性的自我反思，能够给学习带来全新的意义。

假如你对数学很困惑，通过反思，你可能发现自己在概念的理解上存在问题。于是你调整学习重心，开始寻求解决对策，加强针对性练习。经过几轮实践—反思—改进，你的数学能力一定会大幅提高。当你开始有意识地观察和分析自己的学习过程，你学得越多，反思和调整就会越多，进步自然也越多。渐渐地，你会拥有充分的信心和能力，迈上更高的台阶。

关于学习，人和动物有哪些差异？

 让我们的讨论更进一层，试着探究人类学习的基本原理吧。下面的内容也许有些烧脑，要做好准备哦。

有人曾提出这样的问题：人类和动物都有学习本能，为什么人类比我们的动物朋友聪明得多呢？对此，你有哪些猜想呢？

没错，这是因为人类和动物在学习方式上存在着巨大的差异。

首先，人类拥有一样"秘密武器"——复杂且开放的语言文字系统。这个系统里有丰富的词汇和可以推衍的语法规则。也就是说，人类的语言不仅更加丰富，而且可以按照语法规则不断"生长"。你永远不用担心词语有用尽的一天，因为我们可以根据需要造词。也许你注意到了，各国的词典常常会进行修订，其中一个主要目的就是收录不断产生的新词。有了丰富的词语之后，人类会按照语法规则用它们组成无限的句子、语篇，从而表达无限的、充满创造力的想法。语言系统是如何助力人类学习的呢？凭借强大的语言系统，人类的学习方式发生了惊人的质变。我们不必事事亲历，就能从他人的描述中获取丰富的间接经验。想想看，你的知识是否大多来自书籍、网络或他人的讲述？而动物可没那么幸运。

这种学习方式的优势还随着时间的推移而不断被放大。最早，人类依赖口口相传，通过描述、故事、神话、歌曲和谚语等方式传递知识和经验。后来，人类通过阅读书籍、研究论文等方式获取丰富的知识和信息。随着科技的发展，人类还可以通过纪录片、演讲、社交平台等方式获取各种间接经验，拓宽视野。

除了拥有强大的语言系统，人与动物的学习方式还存在一个本质的差异——人类具有抽象思维能力，而动物没有。有了这个能力，我们就能创造无数的抽象概念，并在此基础上分析、推理，把握世界的规律。更妙的是，人类还有将抽象概念组合、分析的本事，我们可以将诸如艺术、空间、因果关系、友谊等不同领域的知识融合在一起，创造出新的法律、社会关系和技术。有了这些能力，人类的认知范围不再局限于对周围环境的反应，而是扩展到对整个世界，甚至是整个宇宙的好奇。

与动物相比，人类还具有更高的自主学习和目标设定能力。你能够主动选择学习的内容和方式，并设定个人目标，为实现这些目标而努力学习。

假设你正在学习一门新的技能，比如绘画，你就可以根据自己的学习风格和喜好，选择适合你的学习方式。你可以参加绘画课程、观看教学视频、阅读绘画指南，或是与其他绘画爱好者交流经验。你可以根据自己的学习效果和偏好，进一步调整学习方式。学习绘画是一个长周期的过程，你可以根据自己的学习目标和效果来设定或随时调整学习计划，分解任务并逐步实现目标。这些复杂的学习活动是动物难以企及的。

人的大脑是如何管理知识的？

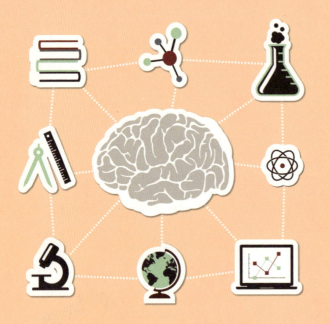

从小到大，你已经学习了大量不同学科的知识，那么它们在你的大脑里是如何储存的呢？随机存放，按时间存放，还是有一个知识框架？其实你可以把你的大脑想象成一座图书馆，它井井有条地掌管着一个庞大的知识数据库，你能够往里添加新的"书籍"，还能在以后的某个时间把它们提取出来。

大脑是如何做到的呢？如果了解了这个奥秘，你离成为高效学习者就又近一步啦。

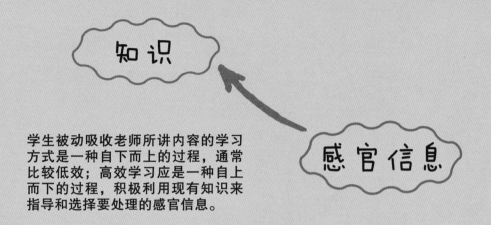

知识

感官信息

学生被动吸收老师所讲内容的学习方式是一种自下而上的过程，通常比较低效；高效学习应是一种自上而下的过程，积极利用现有知识来指导和选择要处理的感官信息。

长期以来，人们对于学习有这样的看法，认为人类的大脑就像一块吸力强大的海绵，当老师滔滔不绝讲课的时候，学生就像海绵一样吸收着老师灌输的全部内容。我们可以把这种方式叫作"海绵式学习法则"。如果这样真的行得通，那么向大脑输入的知识越多，你学到的东西也就越多。这样一来，如果你日夜不停地向大脑输入知识，岂不是很快就会成为知识渊博的学者？想想看，是不是有点儿激动呢？但显然事情并没有这么简单。

大脑从接收信号到加工管理，有复杂的步骤：大脑要先通过眼耳口鼻等感官系统来接收外界的刺激，然后在大脑中的无数神经元开始编码，把这些刺激转化为大脑能够理解的"特殊语言"储存起来，以备进一步整合到大脑中的知识体系里；在需要时，你就能按需取用了。也许你听得一知半解，不要紧，最重要的是，你要明白大脑处理"信号"的整个过程显然需要你的积极参与才能完成！所以是时候告别低效的"海绵式学习法则"了，让我们认识一种刺激大脑主动学习的方法，它包括三个步骤：思考—建立关联—用自己的话表达。

思考！

　　有效学习的第一步是把注意力集中在一个主题上，思考你需要学习什么内容。你可千万不要受周围不断产生的干扰因素影响，比如突如其来的想法、视觉、声音、气味或触觉感受，要做到集中精力必须得有意识地控制自己的思维。即使面对一个简单的问题或任务时，你也必须如此。

　　比如，在下图中你看到的是鸭子还是兔子？

　　如果你先看到的是鸭子，这说明你的注意力先被与鸭子有关的特征（扁长的鸭喙）吸引住了；如果你看到的是兔子，则说明你先注意到了与兔子有关的特征（长耳朵）。可见，你头脑里

你先看到的是鸭子还是兔子？

首先浮现的感官信息主导了你的认知。

那么你的大脑是如何集中精神的？长期以来，科学家使用磁共振成像技术研究人类的大脑，精细地分辨大脑的结构，并在人类从事不同活动时，观察大脑的哪个区域在活动，比如观察人在学习、思考、观察，甚至情绪波动的时候大脑的反应。研究发现，人的注意力是由大脑的前额皮质区域控制的，它位于大脑皮层的最前方，当我们想主导和控制自己的思想时，这个区域就会变得活跃。前额皮质之后是后皮质，这部分构成了大脑皮层的主体，可分为不同的区域，分管特定的功能，如听觉、视觉、说话和身体活动等。后皮质也是我们存储大量知识的"图书馆"。

前额皮质与后皮质一起控制和指挥你的大脑活动。如果你把大脑想象成一个大型交响乐团，"音乐家们"分布在乐团的不同区域。前额皮质是大脑"乐队"的指挥，任务就是指挥和协调控制不同成员的演奏，没有指挥，音乐演出听起来就没有主题、节奏不合拍

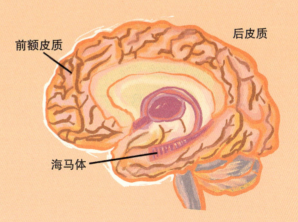

前额皮质　　后皮质

海马体

甚至杂乱无章。同样道理，如果没有前额皮质控制和指挥你的大脑，你的思想就会变得迟钝，思维脱节，毫无头绪。

这样看来，有效学习取决于激活你的前额皮质并主导你的思维。所以不要被动听取老师的授课，或死板地阅读文本的内容。作为一个积极的学习参与者，你必须要问自己：讲座或阅读材料的主题是什么？我怎样把新的信息与重点联系起来？我应该从讲座或阅读材料中学到什么？新的信息与我已经学到的知识有什么联系？就像你刚才集中精力在同一张图上看出鸭子或兔子一样，把注意力集中在思考"哪些是重要内容"上是有效学习的第一步。

建立关联!

一个完美规划的图书馆通常是在一个安排有序的框架内构建的，大量的信息（书籍、报刊、音频或视频产品等）会按照框架分门别类地存放，并且能够体现出彼此的相互联系。因此，你也要在大脑中构建这样井然有序的知识框架，保证你存储在大脑中的信息能成为彼此接连的知识网络。这样一来，每当你看到新的资料、信息或知识的时候，就可以在学习的同时对这些内容进行分类，设法把它们与头脑里已经存储的内容进行关联。在新信息和大脑原有的知识库之间建立关联，是有效学习的第二个关键步骤。建立这个关联和学到新知识一样重要。

曾有一位叫亨利·莫莱森的患者，他 27 岁时（1953 年）接受了切除大脑中的海马体的实验性手术，目的是缓解无法控制的癫痫发作。但手术却给他留下了严重的记忆障碍后遗症。莫莱森可以正常地与人交谈，回忆他的童年，谈论手术之前世界上发生的事件，他的远期记忆并没有丧失。但是他却记不住近期发生的事，比如，你问他几分钟前吃了什么午餐，他完全回忆不起来。海马体的切除，使他的大脑完全丧失了将新旧信息建立关联的能力，因此对他而言，大脑无法再放入新信息，他的大脑知识库将永远无法更新。

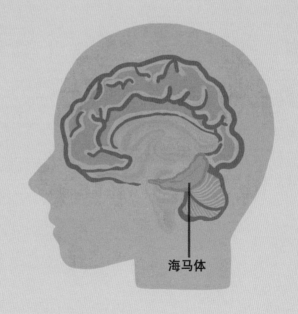

海马体

研究人员发给受试者 52 张卡片，每张卡片上随机有一个单词，要求受试者将单词分成两到七类。任务完成后，当受试者被要求回忆单词时，那些使用更多分类的人能记住更多的单词。这说明将新信息编目或与现有的知识产生关联可以提高记忆效果。

磁共振成像研究也证实了海马体在学习和记忆能力中的重要性。当你学习一组单词时，可以通过观察你的海马体的活跃程度来预测你将会记住哪些单词。如果在学习某个单词时海马体表现得非常活跃，那么这个单词就会被牢牢记住。因为这表示海马体正在建立新信息与大脑中原有的知识网络之间的联系，并成功将它容纳到了你的知识框架中。所以当你打算学习时，务必记得激活自己的海马体！

怎样做才能将新信息与原有知识联系起来呢？你可以试试分类、比较和对比的方法。学习新内容时，要先将新信息分类，这样才能放到原有知识库中最合适的地方。而"比较"是要找出新材料与已知内容之间的相似点，"对比"则是找出二者的不同之处。当你对新材料进行分类、比较和对比的时候，已经开始主动地将新信息和原有的知识关联在一起了。

用自己的话表达！

有心理学家发现一种非常简单的促进记忆的方法——"生成效应"。参与者只需要把学到的东西用自己的话说出来，就会因此而大大强化对所学内容的记忆。

为什么这个简单至极的办法却有着如此神奇的魔力？磁

共振成像表明，在处理最近学到的知识时，人的前额皮质和后皮质的大脑活动会增加，从而强化对所学信息的记忆。所以对于学校的学习内容，你应该尽可能多地练习用自己的语言表达出来！如果你想偷懒，仅仅重新阅读教科书或讲义，并不能让你有效地学会这些知识。你应该合上书或笔记，尝试用自己的话复述刚学到的内容，就像正在给别人讲课一样。如果你不能用自己的话讲出来，那就再复习一下被忘记的部分。每次采用这个学习方式，你头脑里知识网络的相互联系就会被强化。近年来，从事记忆研究的人员的发现，也印证了这一点，在学习了一些新事物后，用自己的语言说出来是强化和巩固知识的最好方法之一。

再次回顾有效学习的三个步骤：一是思考！二是建立关联！三是用自己的话表达！让整个大脑的功能协调有序，你就会成为一个更优秀的学习者！

"保卫想象力""培养想象力"!

　　要想成为优秀的学习者，你还要拥有出色的想象力。有学者认为，在人类发展的进程中，想象力是最重要的思维能力，人类就是凭借想象力创造出了人类社会。

　　科学家们利用想象力构建假设，想象新的天体、新的化学反应、新的物理现象。然后用实验和研究来验证这些想象，最终开启新的知识之门。社会设计师们在脑海中可能会想象出新的社会结构、经济模型或心理理论，从而创造一个更公平、更和谐的社会。他们通过观察、调查和实验来验证这些想象，为社会提供宝贵的指导。

　　人类为什么会拥有想象力？几万年前，智人经历了一场认知革命，他们的语言突变出了一种独特的功能，那就是"编织虚构的事物"。想象一下，在认知革命之前，智人只能借助简单、直接的语言进行日常沟通，比如表达警告："小

心！狮子来了！"而在那场革命之后，智人竟能够说出"狮子是我们部落的守护神"这样充满想象力的句子！凭借这种独特的能力，智人创造出丰富多彩的神话传说以及文化观念，让人与人之间产生前所未有的凝聚力，"集体想象"便诞生了。在集体想象的熔炉中，人类铸造出彼此间的情感纽带，让人类族群变得坚不可摧，强大无比。

以色列哲学家尤瓦尔·赫拉利说："'虚构'这件事的重点不只在于让人类能够拥有想象，更重要的是可以'一起'想象，编织出种种共同的虚构故事。不管是《圣经》的《创世记》，澳大利亚原住民的'梦世纪'（Dreamtime），甚至连现代所谓的国家其实也是种想象……无论是现代国家、中世纪的教堂、古老的城市，或者古老的部落，任何大规模人类合作的根基，都在于某种只存在于集体想象中的虚构故事。"人类利用它创造出信仰、国家、经济、法律等共同信赖的抽象概念，它们共同构成了人类社会的基石。

既然人类的想象力是一项如此宝贵的能力，你一定要珍视和守护自己的这份宝贵的天赋。现代社会中存在很多影响想象力的因素，比如应接不暇的海量信息、快节奏的生活方式和社交媒体的影响等。这些都可能把你拖入日常琐事或重复的思维模式中，让你变得按部就班、缺乏创造性思维。因此，你一定要努力保卫想象力。经常给自己时间和空间独立思考、自由想象，克服对失败和批评的恐惧，相信自己的想法和创意。

如果你目前还不是一个想象力丰富的人，那也不用担心，因为想象力是可以培养的。就像锻炼身体一样，你也可以通过练习提高想象力。你可以从给自己的大脑"喂食灵感的养分"做起。"养分"可以是书籍、电影、艺术作品或任何激发你想象力的东西。它们会滋养你的大脑，让想象力迸发出火花。同时，你要有意识地鼓励自己自由思考、提问和探索。多观察、多体验也是培养想象力的重要方法。比如留心观察周围的人和事，想象他们的故事和动机。多去体验新的事物和场景，如参观博物馆、旅行、参加艺术展览等，这些经历可以激发你的想象力。此外，和家人或朋友讨论、分享你的想法和创意，也可以开拓你的思维，激发你的想象力。

　　人生的旅程很长，从学校毕业并不意味着学习的结束。相反，那是你开启新的学习旅程之时。无论你的目标是什么，只要保持好奇心，树立正确的学习动机与目标，善于独立思考与反思，培养和发挥想象力，就会有爱和勇气去追求你的梦想。

02
CHAPTER TWO

实践篇

再啰唆也得听，学习是你自己的事情

"学习是你自己的事情"，这句话你大概并不陌生。毕竟，老师和家长少不了类似的告诫。也许你的脑海里已经脑补出后面的叮嘱了，什么上课要竖着耳朵听老师讲课，老师讲到哪里就记到哪里，别偷懒，要记笔记，你得及时改错，别等别人催你，学习是你自己的事情，要对自己负责啊……这些话可能耳朵都听出茧子了。但是我们接下来要讨论的，并不是上面这些学习态度的问题。咱们要说的是从大脑的工作原理上看，学习的的确确是你自己的事情，这是学习的又一个真相。

　　当然，在这一章里，你对知识和学习的理解可能又要被颠覆。毕竟，在这个世界上有一群比学生、老师、家长更关心"学习"这码事儿的人，他们就是废寝忘食的教育心理学研究者。他们不爱说教，但是喜欢用实验说话，也许他们的观点很少出现在你的视野中，但如果能从他们那里学习几招，你的学业大概率是要突飞猛进了！

　　读下去，看看他们为什么这么说吧！

给你讲一个《鱼就是鱼》的故事……

开始讨论前，让我先给你讲个《鱼就是鱼》的故事吧。注意，这个有点儿荒诞的童话故事其实是对大脑认识世界的方式的一个隐喻。乐于思考的你，一定要在读的过程中开动脑筋，记下你的想法哦！

故事是这样的：有一条鱼和一只小蝌蚪是好朋友。鱼很想了解陆地上发生的事情，但因为只能在水中呼吸而无法实现。终于有一天，小蝌蚪长成了青蛙，它跳到陆地上，游历一番后回到池塘，向鱼描述了它在陆地上看到的各种东西：鸟儿有一双翅膀，在空中飞翔；牛的身体很大，头上长着两个犄角，吃青草为生，身上有着黑白相间的斑点，长着四只粗壮的腿，还有大大的乳房；人有两条腿，可以在陆地上直立行走……

鱼饶有兴趣地听着青蛙的描述，脑海中同时浮现出了

"鸟""牛""人"的形象：鸟是长着翅膀的"鱼鸟"，奶牛是长着乳房吃着青草的"鱼牛"，人是会走路的"鱼人"。在鱼这个认真听讲的"学生"的大脑里，青蛙"老师"所讲的陆地上的一切都成了"鱼化"的。

这个故事可真够荒诞的，但细想想，它却巧妙地揭示出了人类大脑工作的方式。如果你认真阅读了第一章的内容，是不是已经看出人类和故事中的鱼有何相似之处了？

没错，人类学习的过程，也与之相似。每次接收新信息时，你的大脑其实并不是一张白纸。虽然这一点你很难意识到，但你已有的知识和经验会影响你对新事物的理解。就像故事中的鱼，因为它的大脑中只有鱼的样子，所以对鸟、牛、人的想象不可避免地会受到已有经验的影响。这样的例子俯

拾皆是，如果你是科幻迷，就会发现人们对外星人的幻想何尝不是带着人类自身或地球动物的影子呢？

人类的大脑需要将新信息和大脑中已有的经验进行互动，寻找关联和异同，从而逐渐把新信息联结到已有的知识体系中，至此，新的知识在你的大脑中真正建构起来。如果你不断重复获取新信息—将新旧信息建立联系的过程，你脑海中的知识版图将会扩展和升级。人们管这种大脑获取信息，并将之与原有知识建立联系的学习观点叫作"建构主义"。怎么样，这个想法是不是很有趣？这可是近 30 年来影响最为深远的关于知识与学习的新观点了。

学习是你自己的事

建构主义带给我们的最核心的启示就是"学习真的是你自己的事情"。只靠被动接收信息，而不进一步加工这些信息，是不可能学会任何东西的。换言之，只靠老师讲授，自己做被动的"海绵"是不行的。

而建构主义看待知识的观点更进一步说明了"学习真的是你自己的事情"。他们认为世界上并不存在关于绝对客观的知识，因为知识不是对外部客观世界的被动反映，而是每个人基于自身经验、信仰和文化背景，以自身特有的方式对外部世界建立理解的过程。每个人的经历不同，对于新信息的理解、阐释、联想也不可能完全相同。从某种程度上讲，知识在每个人的脑海中是个性化的。

于是，建构主义的支持者认为我们要进行学习的革命，从传统的讲授式教学，转变为更重视个性化的建构主义教学。前者是教师担当主角，学生亦步亦趋地跟随；而后者是学生在教师的引导下探究实际问题，教师从旁点拨协助。建构式课堂通常采用小组合作而非个体化的形式，每个学习者在小组协作环境中可以学到其他人的学习过程，每个参与者都是在主动构建知识，而不是被动接收信息。你会更喜欢哪种课堂呢？不用急着下结论，我们先看看同时发生在两个教室中的教学场景，然后再说说你的看法。

想象一下，此时你正走在学校的走廊里。在两边的教室中，教师 A 和 B 正分别带领学生学习"除法"的知识，但是两位老师的教学方式却截然不同。你向 A 老师所在的班级张望：只见 A 老师的教室中，一切都在井然有序地开展。老师先提出一个问题："熊猫有 12 根竹笋，要把它们平均放到 3 个盘子里，每个盘子里该放几根？"班里响起了同学们稚嫩的回答，也许有人说 4 根，也许有人给出了别的答案。老师听完后，对学生的答案稍加总结，然后提出了除法的概念，并在白板上演示如何写除号和除法算式。这时候同学们都对照着老师的板书在笔记本上开始记录，教室里一片沙沙声，当然其间也夹杂着几个走神儿的同学，迟迟没有动笔。随后老师又给出若干表面不同但实质相同的除法问题，让学生反复练习。

这时候，你突然听到 B 老师的课堂中爆发出热烈和嘈杂的声音。你好奇地张望，只见学生们都分小组就座，正在激烈地讨论着 B 老师提出的可乐问题。原来 B 老师抛出了一个实际问题，并计划用四个环节来帮助学生理解"除法"：

在第一个环节中，老师就校园里的自动售货机提出了驱动学生思考的问题。只见 B 老师在 PPT 上展示出一张自动售货机图片，接着问大家：（1）办公室外面有两台自动售货机，第一台只放可乐，最多能装 156 罐，如果 6 罐可乐为一组的话，可以放多少组？（2）另一台自动售货机同样可以装 156 罐可乐，但它不只用来装可乐，而是 6 种不同口味的汽水，那么每种口味的汽水分别能装多少？这个发生在学生身边，且有一定难度的问题似乎勾起了大家的兴趣。

于是 B 老师将课堂推入第二个环节：学生组成两人小组，开展探究。这个环节老师为学生提供了各种探究工具，包括纸笔、可自由拼搭的不同颜色的积木块等。学生两两一组，争论得热火朝天，同时不忘写写画画以辅助自己的思考。很快，各个小组都产生了一些"产品"，如写在白纸上的推导过程、利用学具搭建的模型等。

你饶有兴趣地看着 B 老师带领大家进入第三个学习环节：学生小组汇报。老师邀请几个小组在白板前介绍他们的解决方案。在汇报过程中，老师和其他学生会向汇报者提问，有些问题看起来有些傻气，但是更多的问题则很有启发性。经过一番讨论，各个小组进一步明晰了自己的解决思路和结果。

在课堂进入尾声时，B 老师引导学生反思总结。通过引导学生梳理已知和未知的关系，提出这个问题解决的方法——除法，随之写下 $156 \div 6 = 26$ 这个除法算式……

好了,观摩就先到这里吧。你发现这两位老师的课堂有哪些不同?他们各自有哪些优点和不足?如果让你选择,你更希望自己在哪个教室上课呢?是跟着老师四平八稳地学习,还是开动脑筋根据老师的提示探究讨论?这个答案大概仁者见仁,智者见智。不过要说明的是,B 老师使用的正是建构主义的教学法,把学习的主动权还给了学生。

可以想象,A 老师的学生一定可以很工整地书写除法算式,很清晰地背诵什么是除法,很熟练地解题(特别是和课堂上讲解练习相似的题目);但 B 老师的学生却知道面对一个陌生问题时,如何通过自己已有的知识、工具以及和他人协作、协商的方式来解决问题,建构生成新的知识。那么,

建构主义教学的基本程序和基本方法。建构主义强调学生是学习的主体,老师是指导者和帮助者,引导学生更好地探究和构建知识。

40

哪个班的学生对"除法"的理解更为深刻呢？答案很可能是B老师的学生。A老师用的就是自古以来最常用到的讲授式教学，学生亦步亦趋地跟着老师往前走，一路上不会遇到太多的学习障碍，A老师用一节课就完成了"除法的初步认识"，还做了练习题。而B老师可能需要更多的时间，但B老师的学生参与度更高，更可能对除法形成更有深度的理解。

美国麻省理工学院媒体实验室也深受建构主义的影响。他们开发了一款名为Scratch的计算机程序设计收费软件，用来帮助初学者学习计算机编程。通常，初学者学习程序设计语言都是从学习语法开始的，学习者很容易认为编程是一件很枯燥、门槛很高的事情，体会不到编程的乐趣和真正价值，自然容易半途而废。而在Scratch平台上，学习者可以通过拖曳、拼搭模块的方式来设计和实现一个自己的项目（如故事、游戏、动画、互动艺术等）。你面对的编程界面完全是图形化的，简明直观、易于操作。你可以设计角色、选择背景及进行相关调试，还可以将积木区的模块拖曳到中间的编辑区进行组合、排序、修改参数等编辑工作，从而对你的角色和背景下达命令（如设计动作、外观、事件、声音、变量等）。最后点击"运行"按钮，观看你所设计的故事或游戏的最终效果，进而分享到Scratch社区，供他人评论或改编。

传统课堂与翻转课堂教学模式比较

传统课堂： 学习知识在课堂　内化知识在课外

课堂内	课堂外
课程导入知识讲解 练习检测布置作业	完成作业（复习）
学习知识	内化知识

翻转课堂： 学习知识在课外　内化知识在课堂

课堂外	课堂内
自主学习提出问题 检测讨论整理收获	展示交流合作释疑 检测提升总结评价 教师个性化指导
学习知识	内化知识

　　还有一种有趣的学习方式叫作"翻转课堂"，如果你是第一次听到"翻转课堂"，可能会吓一跳，脑海里随即浮现出教室颠倒乾坤的画面。酷！可惜翻转课堂并不是学生大闹天宫，也不是拍科幻电影，在翻转课堂中，"翻转"确实真的发生了。有人认为翻转课堂翻转的是学习的场所，原本在传统教室里发生的事情现在发生在了课堂之外；也有人认为，翻转课堂翻转的是师生在教学中的位置，在翻转课堂中学生获得更多的自由，知识学习在课堂外进行，而在课堂上更多的是师生、生生之间的信息交流。

　　美国一些学校的老师通过利用可汗学院网站上的海量学习资源，将传统的课上学习和课下做功课进行了"翻转"。老师们让学生在家观看可汗学院的视频进行学习，老师则可以在自己的电脑上看到每个人实时的学习情况。进度报告能显示学生学习每一项课程的进度，这样老师就可以了解学生哪道题做对了，哪道题做错了，从而及时地给出针对性辅导。课堂上则是进行个人或小组学习，互相讨论并完成可汗学院相应的习题练习，完成后就能获得即时反馈，从而评估学生学习的效果并指导学生对自己的学习进行反思。这期间老师会在教室里走来走去，与学生交流并解答他们的疑问。

其实现在中国也有不少类似于可汗学院的高质量网络课程平台，也许你和你的伙伴已经接触过了，比如网易云课堂、中国大学MOOC（慕课）等，其课程涵盖数学、科学、历史、文学、艺术、计算机、金融等。相信我，这些网站绝对是当下学霸们的秘密加油站。当你进入这些网站，就好像进入了广阔的知识海洋，你可以自由地选择任何学习内容，阅读文字资料，观看视频讲解。系统会自动记录你已完成的项目。有些网站还会在学习内容之间穿插一些小测验，每当你测试达标时就可以赢得一枚徽章。这些徽章也记录了你的学习成果。

近些年来，建构主义式的学习方式在很多国家备受推崇，因为它更符合学习的规律，以及未来社会对人才的要求。也许你会想，我也希望能做学习的主人，用这样有趣又有挑战性的方式学习，但是老师怎么教书不是我能左右的，建构主义的观念对我有什么意义呢？也许你所在的学校还没有开始这样的教学实践，但是你可以率先给自己的学习方式来个更新换代。

比如变被动听讲为主动思考，比如培养对现实问题的好奇心，注重在解决问题的实践中调动已经拥有的知识，学习新的知识技能，利用海量的网络资源比如网易云课堂和中国大学MOOC（慕课）等平台自主获取知识，然后带着问题到学校与老师和朋友们讨论……相信充满创造力的你，一定能想到很多改善学习的好方法。

一分钟告诉你什么是风靡全球的 STEAM

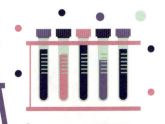

让我们看看一个基于建构主义理论的风靡全球的教学法STEAM，这个被许多国家列入了国家优先教育战略中的教学法为什么有这么大的魔力？它的精髓何在？你又能从中得到哪些启发？让我们带着期待读下去吧。

想象一下，某天你收到了参加充满创意和探索的STEAM教学课程的体验卡，体验卡上写着：这是一种不同于传统单科学习的全新学习方式。当你进入教室，你立刻被那里的气氛所吸引。

你看到教室里摆满了各种材料和工具，有纸张、铅笔、电子元件、建筑模型和实验设备等。这些工具代表了科学（Science）、技术（Technology）、工程（Engineering）、艺术（Art）

和数学（Mathematics）这五个不同的学科领域。

教师站在讲台前，鼓励学生探索和提出问题，引导学生思考如何将这些学科知识和技能结合起来，以寻找创新的解决方案。

在课堂中，你看到一组学生正在合作设计和建造一个能够承受重物的桥梁模型。他们使用数学知识计算桥梁的力学性能，运用工程原理选择合适的材料和结构。同时，他们也发挥艺术的创意，用颜色和形状装饰桥梁，使之更加美观。在另一个角落，你看到一群学生正在使用计算机编写程序，控制着一个机器人进行任务。他们结合科学原理和技术知识，设定机器人的移动路径和动作。同时，他们也在思考如何通过艺术的方式让机器人与人的交互更加有趣和生动。

在课程的最后，你看到学生展示他们的作品和成果。有的展示出色彩斑斓的艺术作品，有的展示经过精心计算和优化的工程模型。每个学生都充满自信和骄傲地分享他们的创意和发现。他们出色的表达能力令你印象深刻。

这就是STEAM教学（如果将沟通表

达也纳入其中，就是 STREAM 教学），它是打破传统教学中的学科壁垒，将科学、技术、工程、艺术（音乐、绘画、舞蹈、设计等）和数学融合在一起的综合教学。无论是设计桥梁还是编写机器人程序，都是在模拟真实的情境中展开探究式学习，围绕解决一个现实的问题展开是 STEAM 的一大特点。在 STEAM 的教室中，学生无疑是最忙碌的人，老师则扮演辅助者的角色，他们不会直接告诉学生答案，但是会为学生的自主探究提供所需的支持。学生以小组合作的方式解决问题。他们会调动自己的知识和技能，并综合运用多学科的知识，从而创造性地寻求解决方案。在 STEAM 教室中，你会发现每组的想法和方案可能各不相同。

事实上，STEAM 教学最大的魅力就在于它能够极大地激发学生的创造力和创新思维。那么学生怎样提高自己的知识和技能呢？在自主解决实际问题的尝试中，学习者需要学习新的知识和技能，并根据需要将它们加以整合，在动手实践的过程中完成知识学习。在这个过程中，学生们不仅加深了对知识的理解，扩展了知识的边界，还培养了合作、解决问题和创造的能力，为迎接未来的挑战做好了准备。

鼓励创新思维的 STEAM 综合教学为什么被认为是适应未来社会需求的教学方式？让我们以汽车工业为例，来谈谈

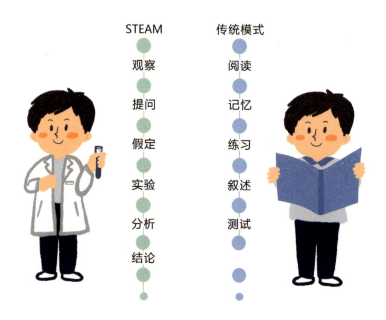

世界正在发生的变化。设想一下：你对汽车感兴趣。你喜欢研究汽车，驾驶汽车，钻研有关汽车工作与操作的详细知识。如果是在 20 年前，你可以成为一名机械师。但是，汽车工业近年来发生了巨大的变化，今天的汽车拥有导航系统、人工智能技术和自动驾驶功能等，好似一个移动式的计算机系统，你今后如果想在汽车行业工作，光了解发动机已经远远不够了，你可能需要具备深入的数学和科学知识以及计算机编程、分析和设计工程方面的必要技能。所以，新时代要求你能够做一个融会贯通的综合性人才，这就需要你能够打破学科壁垒，跳出学科框架进行思考和创新。

如果对 STEAM 综合教学意犹未尽，那么让我们再来看一个关于可再生能源的有趣案例吧，想象你也参与其中，相信这将是一次令人愉快又兴奋的体验。

STEAM 课程开始时，老师会发布一个需要用到跨学科知识的学习任务：如果你是城市规划工作者，请你设计一个适合所在城市的可再生能源项目。为了帮助你完成项目，老师可能会介绍不同种类的可再生能源，如太阳能、风能、水力能等，然后你可以跟同学讨论它们的工作原理和应用领域，观看实例和动画等，了解可再生能源如何转化为电能和其他形式的能源。接着，你会跟组员一起研究，一点点完成你们的可再生能源项目设计和实施，整个过程就像真正的工程师那样工作！

例如，你可以设计和制作太阳能充电器或风力发电机模型，并进行实验和测试。在这个环节你可能需要运用科学知识和工程技术，考虑到材料的选择、效能的优化和设备的稳定性等因素。在设计和制作过程中，你还要应用数学知识，例如计算和预测太阳能板的输出电压和功率，或者计算风力发电机的转速和发电量，甚至运用数学模型和计算软件进行模拟和优化，提出有效的解决方案。

最后，将你们组的项目成果展示出来，请所有同学和老师共同进行评估，提出改进意见。评估和改进很重要，能够使你的学习效果更上一层楼。也许在展示的尾声，你们组还愿意再就可再生能源在环境保护和可持续发展方面的重要性，以及对于社会和经济的影响发表一些看法。

不难想象，在设计可再生能源项目的过程中，你不仅加深了对科学、技术、工程和数学、美术等知识的理解，锻炼了以批判和分析的方式运用这些知识的能力，更重要的是，你一定会激动地感觉到自己的创造力得到了空前的激发。课程结束时，你还会发现自己在不知不觉中锻炼了解决问题和团队合作的能力。这实在是一举多得的教学方式。

STEAM 教学为什么一定要以小组合作的方式展开呢？其目的是培养学习者在协作环境中工作的能力以及必要的社交能力。这也是现代社会大部分职业的工作方式。而且有研究表明，在小组中学习，学习者会有更多的学习自主权，能够进行更深入、更全面的学习。同伴之间不仅要有责任感，还要学会信赖、帮助和支持彼此。这意味着组员必须学会调整自己的学习风格以适应小组的学习风格。

在小组中，你会发现自己有机会学会从新的角度看待事物，发展自我管理和团队领导能力，这也是很多人喜欢小组合作的原因。友情提示，在小组合作学习中，你要尽可能地积极主动哦，浑水摸鱼不仅体验不到小组学习的成就感，还可能被组员抱怨！

　　与传统的 40 分钟一节课，各个学科依次授课的课表相比，STEAM 的课程表更为灵活，每节课可能是一两个小时，这样你的学习可以更加充分连贯。早上第一节课可能是关于"提高解决问题的技能"，接下来也许是"创造性和批判性思维"或"协作学习和社交互动，培养人际交往能力"，最后一堂课也许是关于"与人沟通的技巧"。总之，都是服务于如何解决现实问题的课程内容。

　　最后，我们还要看看这个令人激动的新学习方式是不是能够带来更好的效果。根据 STEAM 综合教学与传统教学方式的一些比较研究来看，使用 STEAM 跨学科综合学习方式的学生的确能够更好地吸收并记忆所学内容。而更加令人振奋的结果是，这些学生在后续的学习中也更可能表现出更大的潜力，他们的成绩也更能够持续提高。

大人念叨的做项目，
我们也能做吗？

　　"做项目"好像是大人经常念叨的事情，我们也能做项目吗？当然。现在"项目式学习"也是许多国家正在尝试的新兴教学方法。简而言之，就是在真实情境中思考和处理问题，"在做中学"。项目式学习主要强调两个要素：真实情境（活动）和学生参与。听起来似乎并不难理解，那么只要满足这两个要素，就是项目式学习吗？带着这个问题，一起看看晓雨和雯雯的"项目式学习"吧。

在晓雨和雯雯的学校里，就正在尝试项目式学习这种方式。中秋节将至，很多班级的老师都给学生布置了项目式学习的任务。晓雨和雯雯两姐妹也都带着各自的中秋任务单回到了家。晓雨兴冲冲地进门，把书包往沙发上一扔，从书包里抽出一张纸就蹦到了妈妈面前，兴高采烈地说："妈妈，妈妈，中秋节我要做月饼。"妈妈接过任务单，看到上面的大标题写着"中秋节项目式学习任务——制作月饼"。任务单内容详尽，可操作性很强，不仅介绍了月饼的历史，还写明了制作月饼所需的材料和具体步骤。晓雨需要根据任务单制作月饼，记录（拍照）制作过程并在中秋节和家人一起品尝亲手制作的月饼才算完成任务。晓雨非常喜欢这个项目，想第一时间拉上妈妈去超市买制作月饼的材料。

相比晓雨的兴奋，雯雯就沉默了许多，妈妈有些疑惑："雯雯，你们有项目式学习任务吗？需要买材料吗？""有，不过我需要先看些资料才能决定。妈，你先陪晓雨去买月饼材料吧。"雯雯一边回答一边打开书和电脑，准备搜索什么。雯雯到底领到了什么项目呢？妈妈和晓雨都忍不住凑过去，看雯雯摆在电脑旁的任务单。"中秋节项目式学习任务——设计中秋家宴菜谱"，任务单上要求学生了解家庭成员的身体状况，比如是否有糖尿病患者、是否有人在减肥、是否有人存在食物过敏现象、是否有人在健身；根据在学校学习的知识，思考一顿营养均衡的中秋家宴应该包括哪些营养物质；根据家人的特点选择食材，设计一份营养全面的中秋家宴菜谱。

两份任务单都和中秋节有关，但差别却很大。晓雨的任务单包含大量动手操作，最终也会产生成品（月饼）；雯雯的则需要做调查和翻阅资料，最终的成果是一份菜谱。"项目式学习"这个名词近两年听过很多次，可是面对两个孩子的任务单，妈妈忽然产生了疑问：这两个任务真的都是项目式学习吗？

对此你怎么看呢？

项目式学习发展至今，始终缺少一个公认的精确定义。这也使得大家现在并不容易判断哪些学习实践属于项目式学习。近 20 年来，大量学者和研究所对项目式学习的界定变得更加详细，比如，巴克教育研究所将项目式学习表述为学生在一段时间内通过研究来应对一个真实的、有吸引力的和复杂的问题、课题或挑战，从而掌握重点知识和技能。这个定义已经让人们比较容易地判断某项实践是否属于项目式学习，但如果你仍不是特别清楚，巴克教育研究所还提炼了一份项目式学习的黄金标准，帮助大家逐条对比判断一项实践活动是否真的是项目式学习。

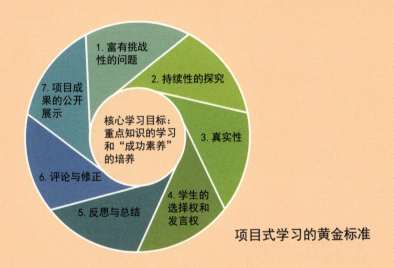

项目式学习的黄金标准

基于这七条黄金标准，请你试着来判断一下晓雨和雯雯的任务单，看看哪个是真正的项目式学习，并且解释你做出判断的理由。

很遗憾，晓雨的任务虽然包括动手操作，最终也有成品（月饼），但并不是真正的项目式学习，因为在整个项目完成过程中，晓雨只需要按照流程操作即可，这样的学习过程只是浅表的学习。而雯雯的任务虽然没有动手制作食品这个

天津金融街旧景，图中为利顺德大饭店

英国汇丰银行是最早在天津设立的外资银行

汇丰银行在1927年发行的5元纸币

中国通商银行是最早的中国资本银行

天津大陆银行是天津租界时代留存下来的重要建筑之一

天津金融博物馆

天津官银号设立于1902年，是天津第一个官办金融机构及新式银行

环节，但她经历了项目式学习的每一个过程，最终也有用于公开展示交流的成果——根据家庭成员身体特点定制的食谱，这反而是真正的项目式学习。上面的分析跟你的判断一致吗？让我们再看一个天津市第十九中学的历史课项目式学习案例，获取更多的设计灵感吧。

　　在传统教学中，历史老师会按照历史进程的时序性，围绕历史发展的主线，依次讲述中国历史和世界历史的进程。而在天津市第十九中学的项目式学习课堂上，学生围绕着"北洋金融街的变迁"这个学习项目主动研究了天津金融老街的变迁。

　　解放北路这条街是学生身边的一条老街，学生对此非常熟悉。同时，这条街经历过多次历史变迁，是中国近现代历史甚至世界历史的缩影。学生在进行项目式学习的过程中，需要通览不同年级的历史教材，使用分析、比较、调查、访谈等方法，以小组合作的方式学习重点知识和建立框架体系，培养了史料实证的意识和辩证的思维。

　　怎么样，现在就动起来，跟你的朋友或家人一起享受设计项目和做项目的乐趣吧！

关于项目式学习，
听听"过来人"的评价

美国教育学家杜威曾说："如果我们还用昨天的方式教育今天的孩子，那就等于抹杀孩子的未来。"

项目式学习是否就是"今天"的学习方式呢？项目式学习真的有效吗？

让我们看看"过来人"是怎么说的。在统计了 2008 年 1 月至 6 月国内外发表的 46 篇关于项目式学习实验研究的论文后，张文兰、胡姣分析了项目式学习的作用效果。他们发现，项目式学习整体上对学生的学习有积极作用，但对于中学生的影响效果则一般。

他们认为，这可能与中学教师开展项目式学习的深入程度和投入程度低于其他阶段有关。中学阶段学生的成绩压力较大，而很多项目式学习是在主学科之外展开的，因此不容易被师生接受。

此外，项目周期的长短对学生学习的促进作用也有所不同：0-3 个月的项目效果最低，而 6 个月以上的项目效果最好。这与项目式学习持续时间长、学习活动开展得更深入有关。同时，由于不同学科的知识和结构存在差异，项目式学习的学习效果也不一样。比如，项目式学习对理化工程类学科的促进作用最显著，其次是语言类、医学护理类和信息科技类，而对数理逻辑类和其他学科的影响则较小。这是因为数理逻辑类学科具有知识抽象、逻辑原理多的特点，探究相对困难；而工程类学科偏重原理的应用，更适宜用项目式学习的方式进行学习。

也许以上结果让你失望了，但是世上有哪种学习方法是万能灵药呢？善于总结的你可以从过来人的讲述中吸收经验，根据具体情况来决定是不是使用项目式学习或其他别的学习方式。相信经过你的大胆尝试、细心反思和调整，你很快就能将项目式学习的方法化为己用，游刃有余地享受探究学习的快乐啦！

"社恐"的人如何与别人合作学习？

一口气学了这么多的学习方法，你是不是迫不及待要试一试了？虽然 STEAM 综合学习或者做项目都很有趣，但这些学习方法都不约而同地强调"合作学习"的重要性，对有"社交焦虑障碍"（简称"社恐"）的同学而言似乎不太友好。你或你身边的伙伴有"社恐"的苦恼吗？看看下面的内容能不能帮"社恐"的同学们缓解紧张，拥抱合作学习的快乐。

首先纠正一个关于小组合作学习的误区：并不是所有的分组学习都是有效的小组合作学习。我知道很多同学体验过就近分组或自由分组（大多数人会选择和自己的好朋友在一起）的学习方式，但这都不是真正合理的分组方式。真正有效的小组合作学习是学生按照不同的能力和性别等，编成每组 4—6 人的若干小组，小组成员间有分工合作，通过一系列学习活动，增进人际互动，培养人际关系，最终实现预期的共同学习目标。这样分组的好处是，能够使各有所长的小组成员在完成小组共同目标时充分发挥自己的优势，同时，从团队成员身上取长补短，促进成员间的积极互动。所以无论你多么紧张，都要鼓励自己走出交往舒适圈，使你的小组编排更加科学合理。

一些缓解"社恐"的小建议

1. **寻找合适的学习伙伴**：在符合科学分组的前提下，尽量找到与你有共同兴趣的学习伙伴或团队，这样可以更容易建立联系和共同话题，减轻社交压力。也可以选择一位友善和理解的学习伙伴，可能是一个朋友或同学。这样的伙伴可以提供支持和鼓励，减轻你的焦虑感。

2. **专注小组共同目标，努力建立积极互赖氛围**：当学习小组的团体目标与小组成员的个人目标一致时，就容易产生积极互赖的心理；反之，当小组成员的个人目标和小组目标不一致时，小组成员之间就会为了实现各自的目标而相互竞争，形成消极互赖，不利于小组目标的完成。显然，从学习成果来看，积极互赖最有利于学习者达成学习目标，也最有利于"社恐"者缓解紧张情绪。

3. 把学习任务分解成小步骤，逐一完成： 这样可以减轻压力和不安感，同时也有助于保持专注和提高学习效果。

4. 预先准备： 提前准备学习材料和问题，这样可以增强自信心，减少紧张感。将注意力放在学习任务上，而不是过度担心自己在合作学习中的表现。

5. 渐进式暴露： 从小规模、低压力的合作学习开始，逐渐增加社交互动的难度和频率。例如，可以先与一个人合作完成一个小项目，然后逐渐扩大到更大的团队。

6. 实践积极的沟通技巧： 学习一些积极的沟通技巧，例如倾听、表达自己的观点和需求，以及给予他人积极的反馈。这些技巧可以帮助你更好地与他人进行合作学习。

7. 自我肯定和正向思考： 养成积极的自我肯定和正向思考的习惯。相信自己的能力，鼓励自己尝试新的合作学习经验，并逐渐超越自己的舒适区。

8. 学习放松技巧： 学习一些放松技巧，如深呼吸、冥想或身体放松法。这些技巧可以帮助你在合作学习中保持冷静和放松。

9. 积极参与小组讨论：在合作学习中积极参与小组讨论，分享自己的观点和想法。这样可以增强自信，同时也可以更好地理解和学习他人的观点。

10. 接受挑战和反馈：将合作学习视为一个成长的机会，接受挑战并从中学习。同时，接受来自团队成员的反馈，用以改进自己的表现和学习方式。

克服"社恐"最重要的是要给自己时间和耐心，不要过于苛求自己。逐渐挑战自己，锻炼社交技巧，并相信自己能够逐渐克服困难。记住，每一次进步都是宝贵的，重要的是保持积极的心态和坚持不懈的努力。

03

CHAPTER THREE

进阶篇

持续成长的秘诀

荀子曾说："学不可以已。"学习和成长是持续一生的修炼。当你拒绝学习，停止成长时，你往后的人生就只能是对过去的重复了。越来越多的人不再把毕业看作学习、成长的终点了，在他们看来，毕业只是人生旅程中的一个里程碑，代表你攀登上了人生的第一个高峰。当你站在山巅俯瞰远方时，你会看到还有无数更高的山峰、更迷人的密林。有无限可能性的未来等待你去探索。

　　终身成长就像一场充满奇妙冒险的旅程！它是探索新知识、发现新技能、拓展自己的能力和视野的过程。希望你是一位无所畏惧的探索者，每天不断超越自己的舒适区，向着新的山峰、未知的森林进发，抵达人生一个又一个的新境界。让我们一起探究那些做到了终身成长的人，究竟有哪些秘诀吧。

从今天起，做具备成长型思维的人

在开始讨论前，我们不妨做一个简短的**心理测试**，看看目前的你是不是具备了成长型思维。请你根据真实的生活情况，选出更符合你的选项。

1. 我对智力的看法倾向于：（　　）

A. 人的智力是固定不变的。　　B. 人的智力是可以提高的。

2. 在日常生活中，我更希望别人这样看待我：（　　）

A. 我是一个非常聪明的人。　　B. 我是一个愿意学习的人。

3. 当我在学习中遇到挑战时，我倾向于：（　　）

A. 避免挑战。　　B. 迎接挑战。

4. 当我学习或做事情遇到阻碍时，我倾向于：（　　）

A. 自我保护或轻易放弃。　　B. 面对挫折坚持不懈。

5. 在遇到挫折或挑战时，我对努力的看法倾向于：（　　　）

A. 认为努力没有结果。　　　B. 认为通过努力，我会熟能生巧。

6. 当听到负面评价时，我的内心感受倾向于：（　　　）

A. 忽视负面反馈。　　　B. 从批评中学习。

7. 当我看到身边的人取得成功时，我会产生这样的情绪：（　　　）

A. 感到自己受到了威胁。　　　B. 感到自己受到了启发。

如果你已经如实完成了上面的测试，那么让我们对照"成长型思维"和"固定型思维"的特点来判断你的测试结果吧。

其实"成长型思维"和"固定型思维"是由权威心理学家卡罗尔·德维克首创的一对概念。对大多数人而言，如果平时没有刻意观察自己，是很难意识到自己的内在思维模式的。要想知道你的大脑倾向于用什么样的方式思考问题，我们可以从你的一些外在表现上进行分析。当你在生活中碰到困难时，你会怎么面对？是选择继续还是放弃？是更加不屈不挠还是充满挫败感？这些都是德维克试图搞清楚的问题。

30 多年前，她就开始研究"学生如何面对失败"这样一个问题，她和同事注意到，一些学生很快就能从失败中走出来，而其他学生似乎即使面对一些小的挫折时也会感到非常沮丧。这个现象唤起了他们的好奇心：为什么有些学生面对失败表现出顽强和韧性，而另外一些学生却做不到呢？你也可以带着这个问题，跟随德维克团队一起寻找答案。

经过思考，德维克和同事提出了一个假设：学生对自己的智力和能力的感觉，会对他的目标制订、学习动机、行为方式和自信心产生影响。换句话说，学生如何看待自己的智力和能力，会影响他们后续的行为和自我感受。

事实是不是这样呢？他们首先观察了有很强上进心和没

有上进心的学生在遇到挑战时的表现，结果是上进心强的学生表现出色，而上进心弱的学生则会放弃或退缩。那么他们的上进心是否由自身的智力和能力决定呢？结论是智力的高低和学习动力的强弱的确不一致。也就是说，智力和能力本身的强弱，并不能决定学生内在的学习动力的强弱。接着，他们又观察了对自身智力和能力持不同看法的学生。结果发现，学生对自己智力和能力的看法，的确能够影响他们的课堂表现。

由此你能得出怎样的结论呢？德维克面对这两种实验结果，意识到每个人的表现实际上并不取决于他们智力和能力的高低，而是取决于他们对自身能力来源的内在认识。她用固定型思维和成长型思维来描述人们对学习和智力的潜在认识。简单来说，固定型思维的人相信成功来自天赋，而成长型思维的人则相信成功源于后天的努力、学习和训练。这就决定了他们在面对苦难时，会采取不同的心态和行动。很快，另一位心理学副教授大卫·叶格又进一步发展了"成长型思维理论"，指出："成长型思维的本质是认为人的智力可以继续发展，而固定型思维则相信智力是固而不变的，不可能后天发展。"

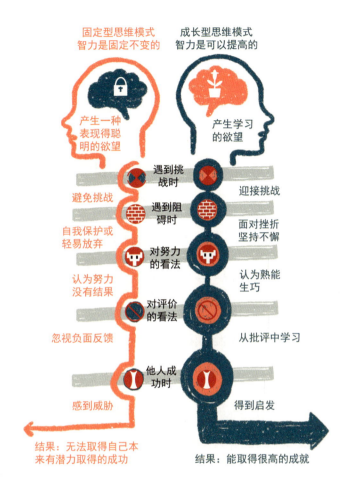

读到这里，你是否已经判断出自己是哪种思维模式的人了呢？下面我们来揭晓开篇心理测试的答案。从一个人面对失败的反应来看，固定型思维的人害怕失败，会尽可能地避免失败，因为他们觉得失败暴露了不足；而成长型思维的人往往对失败没那么恐惧，因为他们知道可以从失败中学到东西，从而提高能力。所以当学生相信自己可以变得更聪明时，他们知道努力会让自己更强，愿意在学习中投入额外的时间和精力，从而取得更好的成绩，形成一个实现自我的良性循环。德维克认为成长型思维能让人过上压力更小、更成功的生活。

真的如德维克所言，两种思维模式甚至会对人的精神健康产生影响吗？让我们来看看科学研究的结果。2015 年，哈佛大学的临床心理学研究人员曾对 6500 多名学生进行调查和分析。研究结果显示，这些青少年中具有固定型思维的人和精神健康问题之间存在着一定联系，具有固定型思维的青少年中出现焦虑、抑郁或暴躁的可能性比成长型思维的同龄人高 58%。这个结果还真有些触目惊心呀！

这些研究人员后来又对大学生开展了类似的调查，也发现了相似的结果：

· 固定型思维的人出现精神健康问题较多；

· 成长型思维的人不太会出现焦虑和抑郁的症状；

· 固定型思维的人对学习有更多的不良情绪，因而导致自信心降低。

对于"成长型思维"对人的影响这个话题，许多心理学研究者都抱着极大的好奇心，在这里不一一详述他们的研究过程。从综合心理学家们的研究结论中，可以看到成长型思维在许多情况下可以改善学习，虽然并不一定直接反映在每个学生的成绩中，但是成长型思维的益处远远超出学习领域，它对我们的精神健康、自我激励、压力减轻都大有好处。

所以，如果你已经具备了成长型思维，那么恭喜你，请继续保持，这种思维模式将为你提供源源不断的内心动力，助你在此后的人生中不断攀上一个又一个的新台阶。但是如果你和我一样，目前还倾向于固定型思维，也大可不必忧虑，因为人类的思维模式是可以训练和转变的！

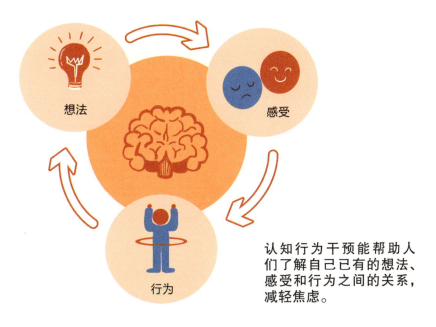

认知行为干预能帮助人们了解自己已有的想法、感受和行为之间的关系，减轻焦虑。

73

这绝不是随口的安慰，哈佛大学临床心理学研究团队还做过一项实验，他们对参加测试的青少年进行了 30 分钟的成长型思维辅导，然后进行跟踪。从 9 个月后的效果来看，他们发现接受了思维辅导的青少年与未接受辅导的青少年相比，在缓解抑郁程度和减轻焦虑方面更能显示出令人满意的结果。

如果你真的想要转变思维，可以从生活中的小事做起，并提醒自己保持足够的耐心和持续的努力。比如，你可以从学会给自己恰当的肯定和鼓励开始，逐步树立自信和热情。但是要留心，表扬是有学问的，一不小心可能会落入适得其反的"表扬陷阱"。

比如，当你把一件事做得很好的时候，你会怎么表扬自己？下面这几句表扬中，你认为哪些有助于成长型思维的培养？哪些不仅没有帮助，甚至还会进一步巩固固定型思维？

A. 你太聪明了。

B. 你非常努力。

C. 你对问题的分析很细致。

其实这个小测验中的 A、B 两句出自 1988 年德维克等人进行的"表扬是如何影响学生的"研究。该研究的对象是一些 9—12 岁的学生，形式是一个解决问题的游戏。在游戏结束时，学生得知他们回答问题的正确率是 80%，并同时受到表扬。然而，学生不知道的是，他们被分成两组，受到了不同类型的表扬：一组是"你太聪明了"，另一组是"你非常努力"。接下来，哪一组学生的行为会有改变呢？

第一组因为"聪明"受到表扬的学生：

· 倾向于选择那些看起来能让自己显得比别人更聪明的活动，而不是选择那些能够探索新知识的活动；

· 在后续活动中感受到较少的乐趣；

· 更有可能放弃具有挑战性的任务；

· 在后续的活动中表现得并不总是很好；

· 明显地喜欢将自己与其他人进行比较，他们中大约 86% 的学生会打听其他人的成绩。相比而言，那些因为"努力"受到表扬的学生里，只有 23% 的人打听其他人的成绩；

· 不积极询问有关如何改进的反馈意见；

· 更有可能对他们如何完成任务说谎，他们中大约 38% 的学生对完成任务的数量说谎，而那组因为"努力"受到表扬的学生里，只有 13% 的人说谎。

　　科研人员指出:"那些被夸赞天生聪明的孩子在面临挫折时更有可能做出消极反应……而那些被夸赞非常努力的孩子则更注重学习而不是成绩,即使他们排在最后几名,也很少出现崩溃。"

　　这是为什么呢?因为针对智力的表扬(如"你真聪明")并不能帮助一个人理解下次遇到类似的任务时需要做什么,而表扬学生对任务的处理方式(如表扬他们的行为和策略)可以为他们在将来解决复杂的任务时提供一个基础,激励他们努力解决问题,并在遇到新问题时探索新的应对策略。德维克认为,表扬智力会影响学生对挑战的好奇心,这是因为他们怕犯错误,不愿意让别人觉得自己笨。

　　《言语可以改变你的大脑》一书的作者也表达了类似的观点,他们指出:"语言可以塑造我们的行为,我们使用的每个词都充满了大量的个人含义。用正确方式说出的正确话语可以给我们带来爱、财富和尊重;而错误的话语,甚至正确的话用错误的方式表达,都可能导致一个国家走向战争。如果我们想实现目标和梦想,必须谨慎地构思我们的措辞。"的确,语言是思维的外化,语言也可以塑造思维。试试看,把图中灰色气泡里的丧气话变成彩色气泡里那些元气满满的表达,心理能量一定瞬间就爆表了吧。

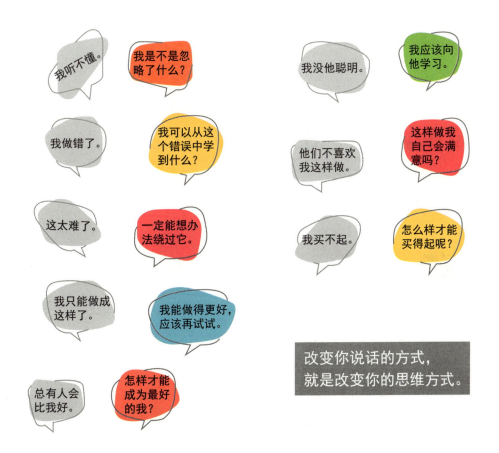

好啦，这就是我要告诉你的关于成长型思维的全部了，从今天起努力做个具备成长型思维的人吧！

反思型思维，让你一路"升级打怪"

英语里有一句很有画面感的谚语："Don't cry over spilt milk."字面意思是不要在洒了的牛奶边哭泣，其实是告诉我们不要为无法挽救的过错而后悔。但是谚语只说了不要做什么，却没有说面对洒了的牛奶我们究竟应该怎么做，而这就区分了人与人思维水平的高低。

面对洒了的牛奶，你会怎么做呢？

想象一下，你望着洒了一地的牛奶，一阵心痛和自责涌上心头。但是你意识到愤怒和泪水并不能改变已经发生的事实。然后你深吸一口气，开始采取行动。你拿起抹布，准备清理掉洒落的牛奶。你思考着如何避免将来再次发生类似的事情。你明白，无论是哭泣还是抱怨，都无法改变过去，而**唯有行动和反思才能帮助你成长。**

如果你会这样做，那么说明你是个具备反思型思维的人。反思型思维让我们不停留在哭泣和后悔的阶段，而是勇敢地面对并接受已经发生的事实，并从中吸取教训。通过反思，你能够找到解决问题的方法，提高自己的思维水平，并最终决定你的未来。

反思是一种重要的学习能力。和成长型思维一样，反思型思维也能够对学习起到极大的促进作用。反思型思维的前提是你要能够对自己之前的行为表现提出建设性的问题，并思考自己的表现：

- 我用过什么学习策略？
- 哪些是成功的？
- 哪些是失败的？
- 什么方式学习更轻松？
- 什么方式学习自我感觉很难？
- 有哪些新的学习策略将来可以使用？

加州大学教育学院的一位博士生做了一个研究，重点分析了那些能够持续使用反思策略的学生以及反思过程对他们学业的影响。结果表明，持续使用反思策略的学生在整个学期中学习都有了很大的提高，并且这种提高能够体现在考试成绩上。

你是否对反思型思维产生兴趣了呢？在日常生活中运用反思型思维，要注意些什么呢？下面是一些简单易行的建议：

📖 为反思留出时间

反思需要时间，所以制订常规的学习规划时，你都应该优先考虑留出反思的时间。千万不要觉得这是浪费时间，反思习惯有助于培养批判性思维技能和以解决问题为目标的思维。

📖 把反思的内容记录下来

养成反思习惯很重要，把你反思的想法和感受记录下来。自己问了哪些问题？找到哪些答案？用日记的形式记录下这些内容，有助于让你的思路更清晰、有重点，而且还方便你将来需要的时候查询。

📖 列出有用的反思问题

例如：

· 我可以做哪些不同的事情？

· 我可以做些什么样的改进？

- 遇到困难的时候，我调用了哪些资源？
- 还可以调用什么资源来帮助自己？
- 我对自己说了什么或做了什么是阻碍自己进步的？
- 我感到自豪并希望与他人分享的是什么？
- 我的目标是什么？
- 实现目标的策略是什么？

📓 制订适合自己的目标和实现目标的策略

阅读你的反思并制订可行的解决方案和策略，这可以帮助你改进。比如，你要问问自己：

- 我下一步要做什么？
- 我想得到什么结果？
- 我能采用哪些策略？
- 每当自己产生放弃的念头时，应该做些什么来鼓励自己坚持下去？

最重要的是你要充分认识到每个人都有适合自己的学习方法。反思型思维方式可以让你反思和分析自己的表现，这不是简单的自我批评，而是反映出一个人对自己的学习方式或行为方式的关注，所有的学识和智慧都源于反思。大家熟悉的李小龙就是一个自我反思的提倡者，他深信这是一种帮助他获得成功的技能。他在介绍自己的经验时说："最危险的人是那个在倾听、思考和观察的人……艺术需要把握技巧，而对技巧的把握需要灵魂的反思。"

的确，反思可以让你在正确的方向上采取正确的行为，花一些时间来反思并考虑你的生活会如何变化，这是非常值得的。当你遇到一些挑战或困难时，请记住李小龙说的这句充满哲理的话："被别人打垮并不可耻，重要的是在你被打垮时要问自己：'为什么我被打垮了？'如果一个人能够以这种方式反思，那么这个人就有希望。"

你会触类旁通和举一反三吗？

什么样的学习者是优秀的学习者？在孔子看来，"举一反三"应该是衡量弟子悟性的重要标准吧！"举一反三"出自《论语》。有一天，孔子感慨道："举一隅不以三隅反，则不复也。"意思是说一个学生，如果学习的时候非常死板，不能举一反三，那就不能继续教下去了。而孔子最为欣赏的弟子颜回不仅能举一反三，甚至能闻一知十，连孔子都自愧不如。

难道触类旁通、举一反三，真的只能靠"悟性"吗？所谓悟性又是什么？举一反三的能力可以训练吗？带上这些问题，开启今天的讨论吧。

其实所谓的举一反三，就是学习的迁移。让我们通过一则小故事来看看学习迁移是如何发生的吧。

一位病人体内有恶性肿瘤，可以靠某种射线来消除。如果将射线集中起来，强度就会足够高，能摧毁肿瘤组织，但同时也会损害健康的人体组织。如果射线强度较低，虽然健康的组织不会受到损害，但肿瘤也无法消除。那么请问，有没有什么办法在不损害健康的人体组织的情况下，用这种射线来消除肿瘤呢？大部分人都想不出解决这个医疗难题的方法。但如果你先听说了下面这个故事，就能很容易地想到解决方案了。

一位将军要率兵攻打一座要塞。通往这座要塞的各条道路上都布满了地雷。大部队通过时地雷就会引爆，小部队通过时虽然地雷不会引爆，但小部队又攻打不下要塞。于是，

将军将自己的部队分为若干个小部队，分别从各条道路前往要塞，最后在要塞下集中成一个大部队，成功打下了要塞。在知道这个故事后，你会立即发现这个攻城战术问题和之前提到的医疗问题之间有相似之处。而将军的解决方案刚好也可以用来消除肿瘤。只需要将射线分成多束低强度射线，从不同方向照射肿瘤，最后在肿瘤组织处汇聚成高强度射线，就能既不损害肿瘤周围的健康组织，又能摧毁肿瘤了。

这就是一种学习迁移。**学习迁移是指学习者将自己在一种情境中学到的知识和技能运用到另一种情境之中。**这种现象其实并不神秘，在学习过程中，这种现象无处不在。除了将战斗策略迁移到解决医疗问题，还有从学习英语迁移到学习法语，学习大提琴迁移到学习小提琴，学习数学迁移到学习物理，学习网球迁移到学习乒乓球，等等，这些都算是学习迁移。

将你在学校课堂中所学的知识，运用到日常生活和工作场合之中，也是学习迁移。比如，你在学校的课堂里学习了如何做问卷调查，后来与同学一起研究社区居民的垃圾分类习惯时，对这些居民实际完成了一次问卷调查和数据的采集与分析；再比如，你在书上读到了如何组装电脑的图片和文字信息，然后实际动手组装了一台电脑。

　　如此看来，学习迁移非常重要。试想一下，如果没有学习迁移，每个人都无法用学到的知识来解决新情境中的问题，那就意味着每遇到一个新问题，就要重新再学一遍解决问题的所有知识，这岂不是特别麻烦？

　　所以，有人认为学习迁移的出现标志着学习者真正掌握了知识。如果学习没有发生迁移，人们就无法将自己所学的知识用到其他地方。那么哪怕学生记住了所有信息，其实也不算真正学会了那些知识。这大概就是孔子对只会死记硬背、不会迁移的学生感到头疼的原因吧。而如果的确产生了学习

迁移，那就说明学习者将碎片化的信息整合成了体系化的结构，并发现了隐藏在变化的表象背后的不变的本质，还理解了一般性的规律和原理。如此一来，学习者就能举一反三，将自己所学的知识运用到各种各样不同的情境之中。

那么为什么会出现学习迁移呢？弄懂这个问题我们是不是就能人为地促进迁移的发生，成为一个有"悟性"的学习者了呢？

学习迁移这个现象，自古以来就有人关注。成语"触类旁通"和"举一反三"就体现了学习迁移的特征。不过，直到 19 世纪后期，第一个系统的迁移理论才出现：形式训练假说。这个假说认为，在第一次学习时，学习者的某种综合智力提升了一点，学习各种知识的能力都变得更强了一些，于是在第二次学习时，才会表现得更好。

而 20 世纪早期的心理学家爱德华·桑代克则提出了另一个与之相冲突的假说。在训练人们学习如何估计正方形的面积后，他发现人们估计三角形面积的水平并没有显著提升。于是桑代克认为，只有在两个情境或问题之间有非常具体的共同因素时，才有可能出现学习迁移。这被称为"共同要素假说"。

这两种假说你更倾向于哪一种呢？其实目前人们并没有

形成统一的理论来解释学习迁移的本质。不过，不要沮丧，你最关心的究竟哪些要素会促进迁移，心理学家已经做了细致的分析和扎实的研究。快来用一用他们的研究成果吧！

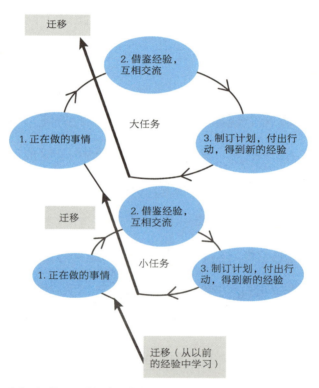

我们在做一项任务时，可以借助已有的经验来帮助自己。待任务完成时，可将新获得的知识运用到下次适合的任务中。

揭秘影响学习迁移的五大因素

在揭秘影响学习迁移的因素前，我们有必要再细致了解一下迁移的类型。虽然学习迁移随处可见，但它包含着复杂的类型。

考考你，你觉得所有学习迁移都会产生好的影响吗？答案是否定的。因为迁移可以分为正迁移与负迁移。正迁移是一种学习对另一种学习产生了积极的促进作用。比如，学习骑自行车可能会帮助你更好地学习骑摩托车，学习素描可能会帮你更好地学习画油画。负迁移则是一种学习与另一种学习之间互相干扰。例如，我们先学会了拼音，然后再学习英语时，可能发音、语法和用词搭配上会犯迷糊，将"打开电视"说成"open television"，将"他昨天没吃东西"说成"he yesterday not eat thing"，类似的苦恼你大概也经历过吧？这就是错误地将汉语的规则迁移应用到了英语之中。所以你希望得到的其实是如何让正迁移发生的经验。

除了正迁移和负迁移，学习迁移还可以分为近迁移与远迁移。近迁移就是相近领域之间的迁移。比如，将第一节数学课上学到的知识迁移到第二节数学课上，或将数学课上学到的知识迁移到物理课上。而远迁移则是在看似不相干的领域之间发生的学习迁移。比如，将下棋中获得的知识和经验迁移到商业管理中，将数学中学到的知识迁移到人际交往上。近迁移是可以预期的，所以许多课程的设计都会促使学习者产生近迁移。而远迁移则难以预期，不过远迁移更容易带来意想不到的启发和机遇。

根据迁移是否能自动产生，我们还可以将学习迁移分为低路迁移与高路迁移。低路迁移是指技能经过反复练习后，不需要刻意思考，便会自然而然地迁移到别处。比如，学会弹吉他可以迁移到学习弹尤克里里，学会驾驶小轿车可以迁移到学习驾驶大卡车。这种迁移不需要人们刻意思考，它几乎是凭借肌肉记忆自动化地产生的。高路迁移则需要人们刻意反思之后，发现某个一般性的抽象原理，才可以用到其他具体情况之中。比如，在了解了光的折射原理后，就可以将其运用来解释彩虹、海市蜃楼以及铅笔放入盛满水的杯中后看起来变弯曲等现象。

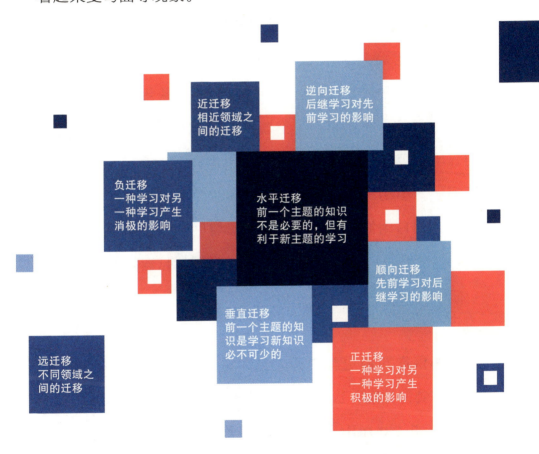

现在你已经了解了迁移的类型，是时候通过分析学习迁移的例子来总结影响学习迁移的因素啦。这部分你一定要开动脑筋，因为提升悟性的秘密就藏在这些案例中。

情境与问题之间的相似性

之前提到的将军攻打要塞和用射线治疗肿瘤就是两个有着相似内核的问题。人们在学会了解决这类问题的一种策略后，很容易就能将其迁移到解决其他相似的问题上。比如，A和B两地相距100千米，汽车花了2小时从A地到达B地，汽车平均时速是多少？一个游泳池一共可以装100吨水，水闸开了2个小时就将这个空游泳池装满水了，水闸平均每小时流出多少水？一共要加工100个零件，小明2个小时就加工完了，小明平均每小时加工了多少个零件？这三个问题和情境之间有相似的东西（公式：总量除以时间等于单位时间内的量），问题之间的相似性越高，迁移就越容易发生。

知识的抽象程度

如果你知道豆腐的英文名叫"tofu"，那你会将这个知识迁移到何处呢？这个知识很难迁移，你可能会想到"功夫"的英文叫"kungfu"，还会想到其他一些从汉语中借来的英文单词。不过，这个知识还是太具体了，所以它的应用面相对狭窄。而如果你知道了演化论，也就是生物变异，即通过自然选择和性选择，拥有某些特征的生物会留下更多的后代，那你可能会将这个演化论的思想迁移到很多地方。比如，在编写程序时可以采用演化算法，在研究语言的演变时可以考虑到选择与差异性复制的原理，一些语法规则比另一些语法规则更容易被儿童学会，于是就更容易传播出来，成为标准化的语法规则。所以，越是具体的知识，越不容易发生迁移；越是抽象的知识，如自然选择的原理，就越容易发生迁移。

学习者对知识的理解深度

当学习者对知识有更深度的理解时，他会更容易地将这些知识迁移应用到别处。比如，PPT 软件的初学者较为关注字体、背景等幻灯片美化因素，而精通 PPT 的人则更关注提炼关键信息，并将其有效地传达给受众。于是，这些精通者还可以在日常生活中的人际交往以及商业上的谈判、报告和演说上迁移运用自己在学习 PPT 时掌握的信息传播原理。而初学者则很难将自己在 PPT 软件中学到的知识迁移应用到别处。知其然者，往往只能看到这一处的表象，而知其所以然者，才能察觉到其他领域背后也有类似的"所以然"的原理。

学习者的元认知水平

　　元认知是什么？所谓元认知就是你对自己思考过程的监督和思考。它就好比是你内心的航空管制塔台，不断监控、引导和调整你的思维轨迹。所以元认知水平越高的人，就越擅长反思自己的思考过程。他们常常问自己：我接下来该怎么做？我为什么这么想？我为什么会得出这个结论？我可能犯了哪些错误？我该怎么改进自己的思维方式？我该怎么提升自己的学习效率？元认知水平越高的人，越擅长将自己所学的知识迁移应用到其他情境中。因为他们会经常问自己这个能促进学习迁移的问题：我还能将这个知识应用到其他什么地方吗？

我可以把这种知识运用到什么场合？

为什么这是解决问题的最好方法？

这个问题跟我上次解决的有什么相似性？

我遇到的问题是什么？

这个解决方案有普遍意义吗？

学习者的学习动机

在学习某些知识或技能时，如果你的目标是提升自己的知识水平，这种目标就被称为"掌握目标"。而如果你的目标就是充分表现自己现有的水平，赢得他人的认可和赞赏，那这种目标就被称为"表现目标"。拥有哪种目标更有利于你的学习呢？研究表明，采用掌握目标的人更有可能表现出学习迁移。因为这样的人更不怕犯错，更愿意积极主动地思考所学知识的其他可能应用，在遭遇困难和挫折时也更不容易放弃。而采用表现目标的人，则更害怕犯错，更不愿意向他人求助，更少尝试将知识迁移应用到别处，因为那样出错的风险更高，这些学习者会觉得这样很丢脸。

这就是五个影响迁移的因素，如果你已经消化了这些内容，下面我们就来看看重头戏，即如何促进迁移，提升悟性。

"迁"亦有"道"
——说说学习迁移的四个方法

我们后来所学的东西，总是建立在自己先前的知识和经验之上。换言之，学习迁移总是自发出现。只是有时候发生的是正迁移，有时是负迁移。而我们最关心的是促进正迁移的出现。

无须他人的刻意指导，人们有时也会自觉地发现自己所学的知识可以用到别处。比如，小明在课堂上学到了如何计算矩形的面积，也许会自然地想到爸爸在粉刷屋子的墙壁时可以用到这个知识，妈妈在定制相框时也会用到这个知识，姐姐在裁剪布料时也可以用到这个知识。

然而，当学习迁移无法自发出现时，就需要我们主动采取行动，促使自己学会将知识用到不同的情境之中。

📋 在知识之间建立联系

在学习几何时，我们往往会先学习如何计算长方形的面积（长乘宽），再学习如何计算平行四边形的面积（底乘高），因为前者可以迁移到后者，最后我们还会将这些知识迁移到学习如何计算棱柱的体积（底面积乘以高）。之所以按这个顺序学习这些知识，就是因为这能帮助我们在这些知识之间建立联系。

📋 学会解释概念的本质特征

人们在不同情境下发现，当可以套用同样的概念时，迁移就能顺利发生。但这要求学习者掌握概念的本质特征。举个例子，如果老师告诉孩子，鸟就是会飞的动物。这很可能会造成负迁移，因为当孩子学习蝙蝠或蜻蜓等动物的特征时，可能误以为它们也是鸟，而当孩子知道企鹅和鸵鸟的存在时，也可能误以为它们不是鸟。但如果人们知道了鸟这个概念的本质特征，如双足、卵生、恒温等特征，才能正确地在其他情境下判断什么动物是鸟，什么动物不是鸟。

📋 与他人一起学习

在学习同一个知识点时，不同人之间的碰撞往往能迸发出新的火花。所以，与他人一起学习有助于学习的迁移。当他人问你"为什么"时，你就有了反思知识本质的机会。当他人与你分享自己的视角时，你也能发现更多知识迁移的可能性。比如，同样是在学习围棋，不同的人会有不同的体会。一些人会将围棋的原理用在企业管理上，一些人则会从围棋联想到战争，还有一些人会想到围棋的原理也可以迁移运用到其他棋类游戏。而当这些不同的人在一起学习围棋时，人与人之间的交流与讨论会让个体从他人那里看到如何将围棋知识迁移运用到别处。

📋 使用类比来发现不同问题或情境的相似性

我们已经知道问题与情境之间越相似，迁移就越容易发生。但有时我们发现不了隐藏在复杂表象背后的相似性。这时就需要我们刻意使用类比思维来发现相似性。将电流类比成水流，能帮助我们将直观的水的压力、流量、阻力等特征迁移到电流上，方便我们理解更加抽象的电压、电流和电阻。

将导线类比成水槽，也有助于我们理解为何导线越粗，电阻越小。

因此，学习迁移是我们提高学习效率的一种有效方法。它能让我们把从学习中积累的方法和知识运用到对新知识的理解和应用上来，从而在有限的时间内学得更快、更好。记住这些促进正迁移的策略，勤加练习，假以时日，你必能成为一个思维敏捷、悟性颇高的学习者！

人人都能学会的自主学习 "魔法"

你在做作业的时候遇到不懂的问题怎么办？问老师？平常跟老师说话时都会紧张，万一自己问的问题太简单就会显得有些蠢。问家长？现在很多题目又难又古怪，家长也不一定知道。问同学？虽然是个合理的选择，但是不能总打扰别人啊。

在这个互联网时代，我们有更多的渠道来求助学习上的问题——其中最便捷的莫过于求助以题库形式存在的软件了。你只需要拍下作业题目并上传到软件中，软件就会自动出现这些题目的答案和解题过程。如果你觉得相关知识点掌握得还不牢固，软件还会告诉你有哪些同样类型的题，甚至以问答形式出题让你回答，帮助你加深理解。

至此，恭喜你，你已经在应用一种简便、快捷、高效的"自主学习"方式了——尽管你可能并没有意识到自己在完成

学习任务时，自然而然地运用了这个听起来有些"高端"的技能。那么，自主学习究竟是什么？我们又如何把它从无意识的行为，转变成一种有目的的可运用的能力呢？我们通过下面三个问题来掌握自主学习的"魔法"。

什么是自主学习?

自主学习，根据《韦氏大词典》的定义是"学生在没有指导者，或是虽然有指导者却没有在以班级形式指导的情况下学习的过程"。自主学习与学校学习相比，最大的区别就在于它是自由的。与学校里给所有人一个有计划的课程表、在特定时间去特定场所学习特定知识的模式不同，你可以自主地选择自己想要学习的科目、使用的教材和资源，以及按照自己的步调和时间规划来进行学习。

说到这里你可能有些疑惑，既然有"学校"这个场所来帮我们制订学习计划，为何还要在其他时间进行"自主学习"呢？

事实上，你在完全没有意识到的时候，就已经运用自主学习的能力了。它说明在数字化资源极为丰富的信息社会，即使是学习学校规定的内容，你也可以采取不同于以往的依赖老师、家长和同学的学习方式，而是利用网络资源来解决学习问题。这难道不令人兴奋吗？

当然，今天我们提倡的自主学习，从内容上来看，并不仅仅是局限于学校里规定的知识和技能，还包括自己感兴趣的主题、社会的热点问题等；从提升个人学习和生活品质的维度来看，还涉及思维甚至是体能上的学习。因此，自主学习的小目标可以是记住这几个词的定义，或解决眼前做不出来的某道习题；也可以是深入了解一项知识，乃至一门学科；

还有人会从真实世界的问题出发，整合各种资源，提出创造性的问题解决方案或制作出适用的产品，等等。不论哪一种，个人在学习时的积极性、主动性和创造性都发挥着重要作用。

为什么要自主学习?

学者托里·布里茨对自主学习做了深入的研究，她认为自主学习可以被看成"把学生变成成熟的、自我实现的、自我参与的、独立而又动力十足的人，同时给予他们成熟的思考模式、自我管理的能力、对学习的完全掌控力，并通过自我认同感成为终身自发学习者的过程"。

看看这些关键词，高大上吧，想一想哪一个不是在今天这个飞速发展的时代应当具备的素质和能力呢？因此，自主学习最终的目标并不是单纯功利性的，它的实施在于培养学习者独立的品性、成熟的思维模式以及自我认同感。

仔细想想 5 年前的世界是什么样子吧——那时候大家还不了解什么是比特币、区块链；4G 基站才刚刚建立起来，还未完全投入使用；在家长、老师和同学的眼中，程序员可能还是一个新兴的职业……据估计，整个世界保存的信息每隔 8 年便会翻倍。如今我们整天被各种新领域（如大数据、人工智能、量子力学）里新技术的发展与应用所包围，仅仅依靠学校里学的东西来跟上时代发展的步伐显然是不够了。如果不成为终身学习者，而是守着自己在学校里学到的基础知识的话，很快你便会因为新知识的出现而落后于现实。

就算不从如此长远的角度来考虑，培养自主学习的习惯对于学习学校中的知识也是有益的。如果将"自主学习"拆分成学习态度和动机、学习目标和计划制订、学习策略、自我监控及自我调节、自我评价及调整五个层面的话，那么这五个层面的得分越高，贯彻得越彻底，你取得的平均成绩就会越高。

　　尽管自主学习形式上看起来与传统"为考试而学习"的要求相对立，但你凭借在自主学习过程中取得的思考模式上的进步和自我管理能力的提升，能更加透彻地理解学校里传授的知识，提高学习效率。极其富有弹性的学习状态与更加宽泛的目标，也益于你发现、培养自己的兴趣，并且通过学习的进步和成果获得内在的自我认同感，成为能体会学习乐趣、自信的"自学家"。

如何开展自主学习?

　　相较于"为考试而服务"的短期目标，以及完善的资源渠道和反馈机制，开展自主学习遇到的麻烦会多一些，它要求你对于自身学习动机以及学习目标有更明确的了解。因此，学习过程的规划非常重要。

自主学习的过程可以分为五个关键步骤：

（1）做好学习准备；

（2）制订学习目标；

（3）参与学习过程；

（4）评价学习成果；

（5）分享学习成果。

如果对这些步骤有着明确的了解和解决方案的话，无论自主学习是正式的还是非正式的，你都能达到事半功倍的效果。

做好学习准备

做好自主学习的准备，对今天的学习者来说应该没什么

8. 评估
对这次学习过程进行评估，哪些地方还可以提高？

1. 思考两个问题
你已经知道了什么？还需要了解什么？

2. 制订计划
你想怎样开展你的工作？考虑搜集信息的来源、时间和标准。

3. 搜索和评估
搜索信息，判断其是否准确、最新、客观并与主题相关。

7. 交流分享
展示作品，分享学习成果，记下成功经验。

4. 组织关键信息
思考这些信息是否可以回答问题，补充新的信息。

6. 反思
原先设定的问题是否已经解决？

5. 整合信息
整合信息，解释你的立场，得出结论。

自主学习过程的关键步骤

困难，因为学习资源足够丰富，要做的主要是筛选合适的、能满足自己学习意愿的资源。在搜索引擎上输入"自主学习"，在短短的几秒钟就能搜索到四千多万个相关结果。除搜索引擎外，各类视频网站也提供很多学习资源。在视频网站 Bilibili 上搜索"自主学习"，会出现 50 页左右的结果。

如果质疑搜索引擎和视频网站内容的专业性，或是担心学习不够系统的话，我们之前还提到了整合了专业学习资源、以完整课程为亮点的在线学习平台。比如慕课平台上的许多课程是由行业大牛或各个高校的教授亲自授课，学习课程的状态和考核也更接近真实学校里的状态。目前中国较大型的在线学习平台包含中国大学 MOOC（慕课）、网易云课堂、腾讯课堂、有道精品课等；国外一般使用的在线学习平台有 Coursera 和 Udemy 等，多数都可以免费学习，付费获得结课证书。

自主学习并不意味着自己一个人学习或一个人渡过难关。如果你感到寂寞或困惑，还可以挖掘隐藏在各大社交媒体的线上学习组织。比如，豆瓣小组的"英语学习"就有 2500 多位组员，有人会分享自己的学习资源，也有人会分享学习经历，还有人发布大家都可以加入的互相监督的 QQ 群信息等，帮助你在半社交的氛围中进行学习。

制订学习目标

制订学习目标是自主学习过程中最重要的一环，它不光是明确自己最终想要达成的目标，更在于明确自己如何达到相应的目标。

在目标管理方面，管理学大师彼得·德鲁克于 1954 年提出了 SMART 模型，在管理学领域被广泛使用。它提醒我们好的目标应该是具体的（Specific）、可衡量的（Measurable）、可达成的（Achievable）、相关的（Relevant）和有时限的（Time-bound）。其实，这个模型应用到自主学习上也是非常有效的。

制订目标首先考虑的是目标是否具体，达成目标的难度是否合理。过于宽泛的目标会使人无法聚焦学习任务；目标可衡量，意味着它可以被检测；可达成，就是它需要适度，比如，对学习而言，目标过低意味着毫不费力就可以达成，对自我的提升帮助不大，过高则会使人沮丧或下意识地偷懒，因此在考虑学习目标时，你要理性地看待自己的能力；相关，意味着学习是一个系统性工程，善于联系和关联，它能帮助我们在学习中更充分地调动记忆、理解、分析、评价和创造等各个层次的认知能力，提高学习效率。

有时限性，在自主学习中也特别重要。如果是短期内要达成的目标，你可以给自己设定一个较为明确的时间截止线。不过需要注意的是，时间截止线一旦设定好就不能更改，不然就失去了督促的意义。如果是长远发展的目标，你可以尝试将它分解成一个个短期目标，以此作为促使自己不断努力的动力。

参与学习过程

积极参与学习过程，似乎听起来有点好笑，不亲身参与，怎么学习？但是你可能经常发现自己看了半天书，学了很长时间，其实啥也没看进去。此时，学习并没有发生。学了不等于学习真正发生了，我们还需要不断地思考和保持专注力，这也是参与学习过程的重要策略。

如果自主学习的是学校的知识，你可以尝试思考以下问题：你最喜欢哪位老师？他的教学方法有什么不同？你可以在脑海中对现有的知识进行一次假想，如果是他来教这些知识的话，会与你现在的学习状态有什么不同？他会如何讲解这些知识点中较难的部分？通过这样的假想，你在回顾知识点的过程中，可以找到最能让你拥有学习兴趣的方式，然后进一步地调整学习策略，将学习效率最大化。

如果自主学习的是课外的知识，那你在学习过程中要注重的就是目标管理、时间管理、资源管理和关系管理等。你要保证自己的学习随时都聚焦在学习任务上，充分利用各种资源来实现学习目标。

　　学习过程的参与还包括情感上的认同，学习始终是一个需要付出和坚持的活动，发现并保持自己积极的学习体验在自主学习过程中也十分有益。

评价学习成果

　　在学校，你的学习成果是较为明确的，那就是成绩。不过对于自主学习来说，成果还包括自己感兴趣的学习。无论是课堂学习还是自主选择的学习，学习成果既有看得见的，也有在潜移默化中产生积极影响的。看得见的学习成果很容易被你自己感知和评价，但对于那些看不见的学习成果，你可以使用一些方法来检测。

最简单的方法是询问他人眼中你的改变。如果你学习的是一项技能或制作一个产品，你可以让他来评价一下你的水平或进展如何，比如，哪些部分做得比以前更优秀？哪些地方仍需要提高？如果是思维上的学习，你可以让他评论一下你最近谈论事情时的逻辑是否更加自洽？然后再反思一下自己之前的表现，得出自我评价的结论。

你也可以通过给他人讲解知识点的过程来了解自学成果的掌握程度。当你发现自己会卡壳的时候，问问自己是在什么地方卡壳的？为什么没有成功地说出它内在的逻辑？这个过程不仅让你对自主学习的成果有了更好的认知，还提升了自主学习的能力。

对学习成果进行评价，实质上是一个反思过程。在这个过程中，你可以反思自主学习的四个方面：学习准备充分吗？学习目标合理吗？学习成果达到预期吗？评价指标合理吗？然后考虑问题所在和可能的解决线索，为进一步的自主学习奠定基础。

分享学习成果

在学校教育中，掌握了应付考试的知识和技能就可以了，不太重视学习成果的分享环节。但是，分享对于获得持续学习的动力、感受学习的价值非常重要。应该说它也是提升自主学习质量的一种策略。

自主学习大多不完全为学知识和技能，在学习的过程中，通常会产生分享的想法。

比如，看了一本自己喜欢的书，听了一首好歌或看了一部自己喜欢的剧，在豆瓣或微信公众号撰写自己的所感所想，为他人提供有价值的信息和体验，获得点赞和转发；近期垃圾分类成了一个热门话题，通过个人与小组的合作研究设计出垃圾分类的方案或产品在小区内推广；设计并制作有提醒功能的药盒，帮助提醒家里的老人按时吃药……

由于自主学习的成果不局限于学校所学的内容，因此分享学习成果一方面可以让人感受成功的喜悦，另一方面也可以促进学习，实现真正的价值（如实用价值和社会价值），这对形成某一领域持续的探究热情，甚至实现商品转化都是有益的。

自主学习的这五个环节，不是一个闭环，而是一个循环往复、螺旋式上升的过程。它的发起既可以来自学校的学习要求，也可以是你的兴趣。画个重点，就是要有学习的意愿、方向和策略。考虑到你在学校要学的东西已经很多了，再要求自主学习，似乎是增加了额外的负担，但是通过对前面三个问题的回答，你可以发现，事实上它才是学习的真正状态。

自主学习既是提升课内学习质量的策略，也是满足你个人学习需求的策略，二者不矛盾。它要求的是发挥你自身学习的积极性、主动性和创造性，作为终身学习者对自己、同伴以及世界的未来保持开放的心态，去探究、了解这个世界的本质，贡献自己的智慧。

04

CHAPTER FOUR

超越篇

如何让学习更高效

学习之旅已经到了尾声，在结束前让我们再看看还有哪些方法和工具，能够在学习上助你一臂之力，让你的学习效率高到飞起！

学习更高效，你也能做到

如果你在网上搜索学习或研究的"最佳"方法，你会看到一篇又一篇的文章。它们会告诉你很多要点和技巧，且很多都是有科学依据的。

这些方法中，有些来自直观经验，比如，通过教授他人来巩固或加强自己对一些基本概念的理解，或用手写笔记来代替打字；还有一些方法不太被大众所熟知，例如，体育运动可以提高记忆力，促进学习效率。这个你知道吗？

不管互联网上怎么说，有些方法只能从个人经验中获得，或者更确切地说，只有通过个人经历才可信。因此，这里分享的经历和经验，将让你的学习更高效。

尽早打下基础

年龄越大越难纠正不良习惯或是培养一个好的习惯，这就是为什么你应该在年轻时就养成良好的习惯，即便你觉得它现在还不会对你产生至关重要的作用。

比如，上课不专注、痴迷游戏等坏习惯可能短时间内难以被完全纠正，但如果你一直这样下去，那么当你真正想专注于学习时就会发现自己已经难以集中精力了。其实，学习并非有什么新颖的技巧，它只是需要时间的长久磨炼和培养。

需要长时间培养的并不只有形成好的学习习惯，掌握习得的内容同样重要。所谓"新"知识并不全都是新的，而是建立在你已经掌握的知识的基础之上的。例如，大学里讲的多元微积分是以高中时所学的微积分为基础的，而高中所学的微积分又是以初中时所学的代数和三角函数为基础的。没有掌握好早期的基础知识只会增加将来学习的难度。

造成这种问题的原因之一是过多地看重分数，而忽略了学习本身。你是否注意到了，不少学生可能会在考试前一晚死记硬背，虽然这样做能取得更高的分数，但考完后很快就会忘掉。临阵磨枪和死记硬背并不等同于理解，这种以结果为导向的思维方式可能会成为未来学习的一个隐患。

有什么办法可以解决这种问题、真正理解学习的内容呢？你可以参加额外的补习、多提问题、多做练习题。考试后不要忽略那些答错的题目的正确答案，不要认为考试结束了，学习正确答案就没什么用了。我的经验是：重做考试中自己做错的题或那些猜对的题是非常有益的，这可以帮你真正地理解这些内容。如果老师更关注你的学习而不仅仅是成绩，这对你也是非常有益的。高中和大学期间对我帮助最大的老师的共同点是：他们在课外总是愿意花时间帮助我理解课堂内容，修改我的论文，并且帮我学习那些超出基本要求范围的知识。

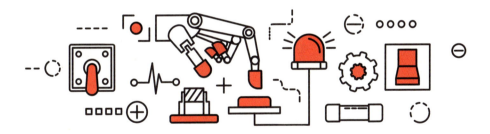

不同的学科可能需要不同的学习方法

在中学阶段，学生会接触从科学类到人文类的各种学科。在大学里，尽管你主要学习自己的专业领域，但现在许多高等教育机构也鼓励学生通过选修本专业以外的课程来丰富个人的知识和兴趣。要想在不同的学科取得成功，你需要驾驭不同的学习方法，这是因为学科之间本身存在着差异，如STEM类学科和人文类学科之间有一定差异，STEM类学科主要需要运用公式或方程式、运算、理解化学或物理途径等能力，而人文类学科（如文学和音乐）会更讲求创造性和主观性。

对于STEM类学科的学习，最有效的做法是在记笔记的基础上再做笔记，也就是在纸的空白处用不同术语重新解释自己做的笔记。这么做有两大好处，既可以在脑海中重新回顾笔记里的信息，还可以帮助你理解最初不太清楚的内容。一个额外的建议是请你的老师将课堂笔记或PPT发布到网上（前提是你觉得这样做没有什么不妥），这样做的好处是你可以在课前就打印好笔记，不必在课堂上花更多时间去记已有的笔记，而是专注于记录那些你不熟悉的内容，也便于课后复习。课堂上做的笔记有时看起来乱七八糟，不过没关系，重要的是你知道哪些内容记在了哪里，需要查询的时候能很快找到。

对于人文类学科来说，时间线有助于为学习内容提供逻辑性。例如，在我大学第一学期的文学课上，老师所提供的书籍的年代顺序和历史背景帮助我在读每一本书时都能获得最大的收获。回想起来，这个方法之所以有效，可能是因为身为理科生的我更习惯于对途径进行思考，习惯于考虑"为什么"和"怎样"。这也表明，如果你的某个学科的学习比其他学科强，那么你可以利用自己擅长的学科中的优势去学习其他学科。

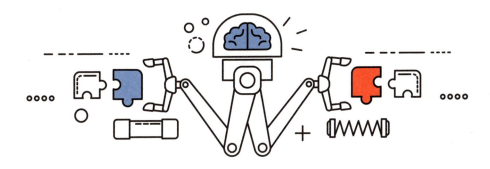

别忘记更宏伟的蓝图

当你为成功而奋斗的时候，一开始你会积极地做任何能让你抵达终点的事情。但过一段时间后，你可能开始感到疲惫，甚至会怀疑跨过终点线是否值得：为什么在你的朋友尽情娱乐的时候，你却要努力学习？

当你产生这样的想法时，做做深呼吸，放松一下。没有人愿意过分紧张，你要记住：你的精神健康和身体健康比其他任何事情都重要！试着退一步，想想你的未来规划，想象一下你在 5 年、10 年甚至 20 年后想要达到的目标，通常情况下这可以帮你找回自己的立足点，回归正轨。

为了让学习过程更愉快，你可以把所学的内容与现实世界联系起来，尤其是在你"被迫"去学一些东西的时候，不要仅仅把你的目标想成获得一个特定的字母等级，而是为了更好地完善自己。每件事都有它的应用价值，这个价值也许体现在你未来的工作里，也许是在一次交谈中，没有无用的知识，记住这一点并以此来激励自己。当然，能够有所选择在学习中是很重要的，但有时被迫学习可以在未来给你带来意想不到的好处。例如，外语是中学的必修课，有些人会觉得没意思。但几年后，当你与不说汉语的人交流时，你会非常庆幸自己学过外语；或者，如果你认为古希腊哲学已经过时了，阅读荷马或奥维德的作品会很无聊，但你要知道他们作品中所传达的思想是永恒的，即使你不是文学专业的学生，这些话题也会在未来的个人生活和职业生涯中出现，如果你能机智地谈论这些话题，便会展现出自己受过良好的教育。很多时候，直到你需要或失去它时才会珍惜你所掌握的知识。

很多人都有这样的经验：当老师把课堂内容和大家觉得有趣的东西联系起来时，学生的兴趣就会被激发，变得更加专注。在我大学的医学人文学课堂上，老师不仅教我们医学和文学，也谈流行文化、音乐、艺术、体育和时尚，这使我们意识到在课堂上学习的技能可以用于生活中的各个方面，学习可以变得愉快有趣。如果你的老师不采用这样的教法，你可以成为自己的老师，把你的个人经验融入陌生的教材内容中。

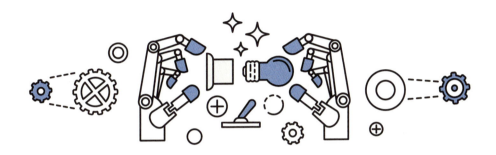

了解自己的局限

你是什么类型的学生？不同的人有不同的学习重点、偏好和需求。以我为例，我对学习环境的偏好会随着我所学习的内容而改变。我做化学题时，需要一个安静的环境（如图书馆）；但当我读书的时候，我需要有点背景音乐的环境，这跟有些人在嘈杂的环境中无法集中注意力的情况正好相反。

不要把你的学习标准建立在别人的基础上。也就是说，不要因为你所有朋友都凑在一起学习就觉得自己也要这样做，也不要强迫自己采用对你而言效果不好的方法。例如，我的一个朋友有一个对他自己很有效的学习方法：他把课本上的内容抄写到一个漂亮的本子上，还用不同颜色的笔工工整整地做标注。但这种方法对我并不奏效，因为我发现自己的注意力在抄写过程中反而被分散了，所以我更愿意把注意力放到对我个人更有益的策略上，而不去注重色彩一类的美学效果。

了解自己的喜好非常重要，如果别人的方法对你不起作用，也不必责怪自己。很多学习技巧不论是否有科学依据，都被广泛地传播在大众之中，大家千万要记住的是：每个人在学习或研究时都要发挥自己的长处。所以，我和大家分享的都仅仅是个人建议，任何建议都需要你根据自己的需要和喜好去做调整。希望你能根据自己的经验掌握属于你自己的学习技巧。

希望你的学业之旅一帆风顺，并在这个旅途中发现自我！

多媒介学习，赢在未来的能力

网上有许多提升学习效率的方法，不过很少有人谈到怎样从源头开始就提升学习效率。怎么样才能让大脑在接收信息的环节就快人一步，赢在学习的起跑线呢？也许多媒体学习是一个值得尝试的方法。

回想一下，从小到大你最常使用什么媒介来学习知识呢？阅读书中文字和听老师口授？看图或动画来理解知识？观看声音和动画结合的视频？估计大部分人最多采用的都是第一种方式吧。通过语言文字学习，是几百年来我们的学习方式，也是延续至今的主流学习方式。但是随着计算机和数字设备（如手机、平板电脑）的普及、视觉化技术的进步，一些人开始思考是不是可以将教学材料视觉化呢。如今你大概注意到市场上出现了不少这样的教学资料，尤其是幼儿教学视频，常常是声画结合的。凭直觉来看，你觉得我们的大脑会更喜欢哪种媒介输入方式呢？语言文字？图片、动画（无文字）？音画结合的视频？让我们来检验一下实际效果是否如你所想。

一个多媒体学习效果的实验

假设教师讲授自行车的打气筒的工作原理，他用了三种不同的方式教学。

教学方案 A 是传统的口授：

老师站在讲台上，慢慢地对同学们说："当上提把手时，活塞上移，进气阀打开，出气阀关闭，空气进入气筒下方。当下推把手时，活塞下移，进气阀关闭，出气阀打开，空气经过软管进入轮胎。"

讲述完后，老师请你复述（记忆测试），然后又提出一个问题问你如何解决："假设你上下推拉打气筒的把手好几次都没有空气出来，你觉得问题会出在哪儿？"（转化测试）

　　试试看，你能完成复述，并回答出这个问题吗？

　　再来看看方案 B。这次，老师决定不再用语言来讲解，毕竟用语言描述打气筒的工作原理有些复杂。他想，这次不如直接给学生放一个打气筒内部工作的动画吧。于是，他给班里的同学展示了类似下方图片的动画，其间他没有用语言讲解这个工作的过程：

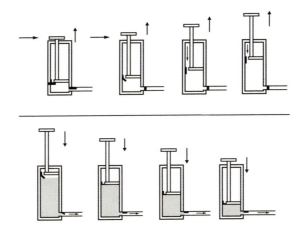

　　观看后，老师照例请你复述打气筒的工作过程，并回答刚刚的那个问题。如果你只接受过教学方案 B，你能回答出老师提出的这个问题吗？

　　最后，来看看教学方案 C。这次这位老师想：为什么不把语言文字和动画同时呈现给学生呢？于是他在动画中添加相应的文字说明，这样学生是不是更容易理解呢？下面是老师向大家展示的动画：

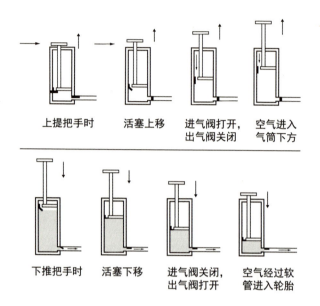

上提把手时　活塞上移　进气阀打开，出气阀关闭　空气进入气筒下方

下推把手时　活塞下移　进气阀关闭，出气阀打开　空气经过软管进入轮胎

如果你是按照方案 C 学习的，那么你能够复述并回答出老师的问题吗？

让我们来看看这个实验中，接受三个教学方案的学生的真实表现是怎样的。教育心理学家理查德·迈耶发现，大部分接受教学方案 A 的学生，在听到老师的表述后，会记住一些词语，但是用这一原理去解决问题的时候，学生普遍表现不佳。接受教学方案 B 的学生既无法复述原理，也不能回答问题。而接受教学方案 C 的学生情况就不一样了，他们在两种测试上的表现都很好。在回答问题（转化测试）上的表现证明，用文字和动画的共同呈现，能够帮助学生更好地理解材料的内容。

这是什么原因呢？迈耶认为，学习的过程其实是学习者先理解输入的信息，然后进行积极构建，将输入的信息变成自己的知识（还记得建构主义理论吗？）的过程。迈耶将输入信息进行划分，方案 A 是输入语言文字信息，方案 B 是输入画面信息，方案 C 是同时输入相互关联的语言文字信息和画面信息。从实验结果看，迈耶总结出"多媒体原则"，他相信多媒体形式可以加深人们的学习。他将多媒体定义为将学习材料同时以语词和图片（叙述和动画）呈现的方式，其中图片形式既指静态图片，如插图、数据图、示意图、地图或照片，也包括动画和视频。多媒体学习指的就是学生同时利用文字和图片对知识进行构建。这真是一个很有启发性的想法！

不过，什么样的多媒体内容能恰到好处地帮到学习者呢？迈耶认为要回答这个问题，首先要理解人的思维是如何工作的，然后再思考如何利用多媒体技术。

多媒体如何帮助理解信息？

在刚才的实验中，学习者们听到的文字、看到的图片都是感觉信息，这些信息由耳朵、眼睛等感觉接收器获取，然

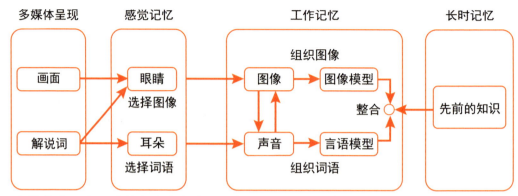

多媒体学习有两种基本信息方式——解说词和画面。解说词通过听觉通道，在工作记忆中形成言语模型；画面通过视觉通道形成图像模型。两种心理模型和先前的知识在工作记忆中进行整合，形成有效学习。

后被大脑的神经系统处理，同时被保存在感觉记忆中（感觉记忆可以让人在外界刺激停止时仍保有对信息的印象，从而保证你能形成对事物的连贯印象）。在接收信息的过程中，学习者会对某些词句或画面的某些部分产生注意，然后这些被你"筛选"出来的词句或画面信息会被构建在你的工作记忆中。根据认知心理学的双通道理论，你接收到的语言信息和视觉信息会经由两条独立的通道，到达大脑的不同部位，被进一步加工处理，最后大脑将这两类信息整合在一起。接下来，你的大脑会将整合好的新信息，跟你大脑中原有的知识建立联系，这样你就完成了新知识的学习。

你可能认为，多媒体学习可以调动学习者的两条信息处理通道，那么两条通道就意味着承载的信息更多，就像两条道上的车流量肯定要比一条道多。打气筒原理既可以用文字进行表述，又可以用图片表述。如果同时提供两种表述方式，那就相当于将同样的内容暴露给学习者两次。这样一来，学习的效果一定会更好。但是，接收信息的数量真的能够等同于学习的效果吗？事情并非如此简单，还有几点需要注意。

迈耶认为，学习包含三个基本的过程：选择、组织和整合。在选择阶段，学习者通过一条通道一次处理的信息非常有限，他会对呈现信息的相关部分予以注意，这实际上就是在选择要进一步加工的信息。所以，如果你给学习者一下子呈现非常繁杂的信息，反而提高他处理信息的难度。举个例子，一张描述人体血液循环的示意图，如果画面中除了血液循环路径之外，还画满了各种充满细节的人体器官，血液转换过程的文字描述冗长，这无疑会对学习者集中注意力，并对信息进行选择加工制造很大困难。

完成了信息的选择后，学习者要将他接收到的信息片断组织在一起。如当学习者听到"进气阀门打开"的语句时，正好看到打气筒活塞旁边的进气阀门的动作，就会将两类信息整合在一起。因此，图片和文字信息可以是互补的，一些直观的内容更适合用图片展现，如打气筒的内部结构；一些抽象的内容更适合用文字表现，如每一个部件的名称。这个建立连接的过程会加深学习者对内容的理解。

最后，学习者会将已经组织好的新信息与大脑中原有的知识建立联系，整合在一起。

如何有效设计多媒体信息？

如何呈现多媒体信息以帮助人们更好地理解和认知？迈耶进行了100多个实验，通过对结果的分析比较，陆续总结出12条原则来指导教育者设计多媒体学习工具。帮助学习者关注关键信息：连贯性原则、强调原则、冗余原则、空间和时间接近原则。从知识分解的角度关注学习者对知识的有效加工：分割原则、预训练原则、通道原则。从认知环境角度促进加工过程：个性化原则、声音原则。如果你能够理解这些原则背后的原理，相信无论是对你的日常学习还是演讲展示，都会有很大的帮助。

当画面有配音解释时，配音的文字是否要同时作为字幕显示呢？
有趣的是，不显示字幕的效果更好。

站在一个画好的画面讲述和边画边讲的效果，哪个更好？答案是后者。

 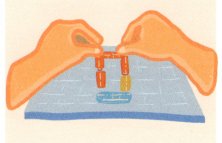

示范时对着观看者或是与观看者同一个方向，哪个更好？答案是后者。
"第一人称视角"减少了视角转换，让认知过程更直接。

新技术与多媒体学习

随着技术的发展，多媒体工具也变得更多，使用也更方便了。多媒体学习的疆域得以进一步扩展。现在一些教育应用程序中还会加入游戏元素，提升学生的兴趣。

2014年，迈耶和同事发表了将电脑游戏用于学习的研究报告，探讨哪些功能有助于学生学习，哪些功能会降低学习效率。他们发现，当游戏中的文字是说出来而不是写出来时，学生学得更好，因为这样做不会干扰学生对游戏中其他视觉元素的处理。迈耶的其他学习原则也适用于教育类游戏设计，如接受预训练的学生学得更好，当游戏内容以文字对话方式呈现或建议时，学生学得更好。

如今，许多带有游戏性质的教育应用程序被引入课堂。在一些课堂上，老师使用移动端应用程序。学生可以通过移动设备上的全球定位系统（GPS）在相应地点打卡。他们拍摄照片和视频，并针对老师的问题给出答案。另一个基于团队的竞速游戏应用软件。学生在移动设备上共同回答多项选择题。他们在讨论可能的答案时，可以在屏幕上查看问题文本和相关图片。

有些学校的老师还会使用一款课堂角色扮演游戏，为学生创建一个虚拟世界。在游戏中，课堂教学计划分布在一张幻想世界的地图上，学生可以选择角色、装扮角色，角色在整个学年中都会在地图上移动。为了在游戏中升级，学生需要完成与课程相关的作业（即任务）来获取点数。学生完成一个任务后就能解锁下一个物品，如新的作业、讨论和课堂学习活动。每个学生在地图上的前进路径会根据自身的学习进度及完成任务的情况而各有不同。对某个课题掌握熟练的学生可以更快地前进，而需要对该课题进行额外努力的学生则要接受额外的或不同的任务。老师也能根据学生的课内活动，如课堂参与、交作业、积极表现等行为奖励学生点数。

你看到这些充满想象力的应用软件，是不是已经被"圈粉"了？去试试吧，相信你一旦开始学习，就会觉得自己根本不想停下来。在信息时代，当个能玩转多媒体的学生可真酷！

新时代"学习必杀技"
——基于资源学习

在这个信息爆炸的时代，你平时是怎样学习的呢？如果你的学习方式仍然是完全依赖老师的告知和讲解，完全围绕学校的作业来学习，那么你就太古板啦！现在的年轻人流行基于资源自主学习。老师的教学已经不再是他们最主要的学习资源，作为独立自主的学习者，这些年轻人正在利用由技术进步带来的丰富资源自由地学习。

就拿学吉他来说。过去你可能得买本吉他教材，然后找个老师一点一点学。但现在，你只需要打开电脑，就能进入信息的海洋！你可以观看视频网站上的各种吉他教学视频，学习各种弹奏技巧，选择你喜欢的曲子来学；你还可以加入吉他社群或登录吉他论坛，与其他吉他爱好者交流经验，分享学习资源；你还可以下载各种吉他学习软件，随时随地挥洒你的音乐才华。在这个过程中，你完全掌握了学习的主动权，可以按照自己的兴趣和节奏，选择自己想要的学习资料进行学习，真是爽快！

怎样才能成为基于资源学习的高手呢？只会网上检索零碎的信息恐怕远远不够。跟我一起修炼整合资源的能力吧！

成为独立自主的学习者

想成为一个独立自主的学习者，这个想法很棒！首先你要做的就是转变心态，很难想象每天等着老师和家长布置学习任务的人，能够主动利用各类资源为自己学习。快来对照一下，你已经拥有哪些独立学习者的必备素质：

·**自我确定学习目标：**学习目标往往源自对某个领域的好奇心，这个领域可以是学校里要学的各学科知识，也可能来自对生活中某些现象或问题的思考。当对问题产生疑惑，想要找到答案时，就会产生学习目标。有明确的学习目标，有助于在查找、利用资源的过程中不偏离学习轨道。

- **自我发现与获取学习资源**：通过各种途径获得满足自己学习需求的资源。

- **自我有效管理学习资源**：基于一定学习框架或策略整合学习资源。

- **自我恰当利用学习资源**：学习是为了在他人的成果基础之上深化自己的思考，获得自己的知识体系并基于它进行创造和创新。

- **自我评价学习进展**：开展基于资源的学习，学习者需要随时把控自己的学习进度和进步，克服学习进程中碰到的困难，调整学习节奏与策略。

- **自我展示学习成果**：学习的最终目的是获得能够与他人分享的知识与技能，通过成果的呈现与交流，反映学习的价值。

现在，你可以试试找一个感兴趣的问题作为你的学习目标，尝试利用一切资源来实现你的目标吧。

借力于知识管理

不过要注意基于资源学习一定不要被眼花缭乱的各种资源牵着鼻子走，这是初学者常常出现的问题。如何驾驭海量资源，让它们为你所用呢？一是要牢记你的学习目标，时刻明确你的学习方向。二是要有一定的策略来保证学习效率和质量。你可以按照这个学习思路来试试：基于学习要求或兴趣发现问题→明确学习目标→资源查找与整合→形成知识地图→形成与创造学习成果→交流分享→反思与改进。

整个学习的流程虽然清楚了，但一想到要从浩如烟海的信息中找出眉目，你是不是也觉得有些无从下手？不要紧，跟你分享一个强大的信息整理方法：知识管理。就像你要及时整理房间里的物品一样，你的知识同样需要及时归类整理。一般来说，你搜集到的信息都是碎片化的，如果一味拼命搜集，同时又疏于整理，那这些彼此孤立、杂乱堆叠的知识碎片会让你的头脑变得一团糟。所谓知识管理，就是把你的知识进行盘点和整合，把零碎的知识纳入完整的知识框架里，使它们成为可供你随时取用的知识储备。知识管理主要包括两方面：一是使信息从非结构化走向半结构化、结构化；二是使知识从片段化、零碎化走向系统化。

如果你用知识管理的方法整理信息，你会发现原本散乱的信息已经被你构建成了一个个完整的知识网。很多出色的学习者都喜欢用网状知识结构来整合信息，因为网状知识结构能够使你具备全局视野，无论从知识网中的哪一个知识点出发，你都可以找到与它相关的要素。所以无论你研究什么问题，都能够打开视野。不仅如此，通过知识网，你还能非常清楚地看到自己的知识结构在哪方面比较薄弱，从而提升学习的深度。这种网状的知识结构有点儿像地图，所以也叫"知识地图"。

想象一下，手握知识地图的你就相当于拥有了一个专属的知识导航系统，它一定会让你的学习如虎添翼！

基于资源学习的过程，包括发现问题、明确目标、资源查找、构筑知识架构、获取学习成果、交流分享和进一步思考。

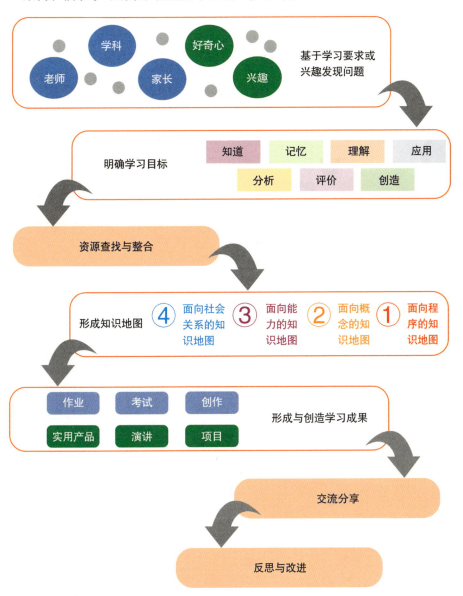

基于资源学习的示例

下面我们来看看教育学博士肖玉敏是如何用基于资源学习的方法，来实现自己的研究目标的吧。

1. 基于学习要求或兴趣发现问题。

我曾有机会看着实时变化的购物数据，非常震撼。但是问及教育领域时，他们现有的数据规模却很小，似乎还不能构成教育大数据。我想，如果要做教育大数据研究，该怎么做呢？怀着好奇心，我开始了关于教育大数据的研究之旅。

2. 明确学习目标。

我的学习目标是，最终能够发表与教育大数据相关的论文。

3. 资源查找与整合。

有了具体的学习目标，我开始对教育大数据的相关信息进行知识管理。第一步就是查找信息。有一个个人经验分享给大家，当你查找信息时，一定不要一股脑儿地都下载下来，而是要边搜集边思考，剔除无效或冗余的资源。就我的学习目标而言，我会剔除新闻类、感想类等含金量较低的信息，集中力量分析和整理重要信息，如相关的模型、数据挖掘的相关知识等，并进行信息的相互印证。经过细致的筛选、学习和思考，我形成了理解教育大数据的个人知识框架。

需要注意的是，除了从网络搜索获取必要的资源，最重要的信息来源还必须包括专业图书以及一起合作交流的专家学者的观点。

📖 4. 形成知识地图。

我对"教育大数据"进行了多视角的观察并搭建了知识框架，这也是我关于教育大数据的知识地图。当然，这个知识框架在我学习和研究的过程中是动态变化的。这样做的好处是

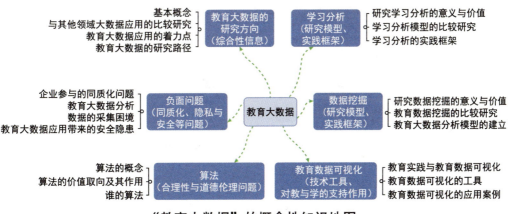

"教育大数据"的概念性知识地图

方便我随时存储和提取有用信息，也有益于我对具体领域进行深入探究，与他人讨论时能更有逻辑地组织内容和分享观点。

5. 学习成果分享交流、反思与改进。

在基于资源学习的过程中，搜集信息、分析信息、表达信息和分享交流信息是一体的。这是一个不断提炼、整合的过程，也是逐渐展示的过程。第一步是把搜集到的信息展示给自己看，经过思考，形成关于研究主题的个人知识地图。在知识地图的框架下，我脑海中的理论与实践图景渐渐清晰起来。在基于资源学习的过程中，我也在一些场合汇报了自己现有的研究结果，此时，我已经对教育大数据的很多相关问题有了一定的思考，并完成了一篇论文，实现了当初制订的学习目标。

今后如果继续研究，我的研究重点会放在相关的理论探讨与案例分析上，学习目标是能够在教育大数据领域，为他人提供指导实践的意见和建议。

充分利用知识管理工具

看完肖博士的研究分享，你是不是对基于资源学习的方法有了更深入的理解呢？在短时间内完成这么大的工作量，肖博士一定有好用的"法宝"吧？听听她是怎么说的：

在整个研究过程中，我利用了知识管理工具（Onenote、印象笔记、为知笔记等）来不断地修正和完善这个知识框架。在资料搜集的过程中，我搭建了关于教育大数据的研究框架，从设计的标签可以看出，我搜集、分析、整合的关于教育大数据的内容就是按照我的知识框架进行的。在阅读文献的过程中，我就把有关文献和信息组织在相关标签下，积累了大量的关于教育大数据研究的资源，并且经过思考后，在"基本内容"这页将我的研究框架逐步搭建好。

这类数字化的笔记类工具，功能非常强大。它们在处理文字内容时无须专门保存，可以复制或随时在标签下转移；文本框易拖动，文本易标注；从网站上粘贴文献，不需要再次输入网址；根据使用优先级，快速调整笔记本顺序；关键词搜索，可快速获取所需内容（包括标题和文本）；可以共享，利于合作。

还有一些技术工具可以帮助我们进行知识管理，如思维导图、云盘、网络书签、文献引用工具（Zotero、Endnote、NoteExpress 等）、研究工具（量化研究工具 SPSS、质性研究工具 Nvivo 等）以及一些针对性的学科工具。它们可以帮助我们理清概念和关系，深入理解知识和技能，形成知识的导航系统，快速地将散点或片断的知识变成个人的知识地图。

　　从我的亲身体会可以看出，知识管理和知识管理工具应用的益处主要体现在帮助我们结构化地整合丰富的学习资源，深入理解学习问题和内容，改进学习策略，积累、分析与分享知识与技能，最终达到提升学习质量的目的。

玩转搜索引擎

你平时会从哪些途径获取资源呢？书籍、期刊、互联网、老师或专家等，都是可以获取资源的途径。近年来承载着海量信息的互联网越来越受学习者的青睐。

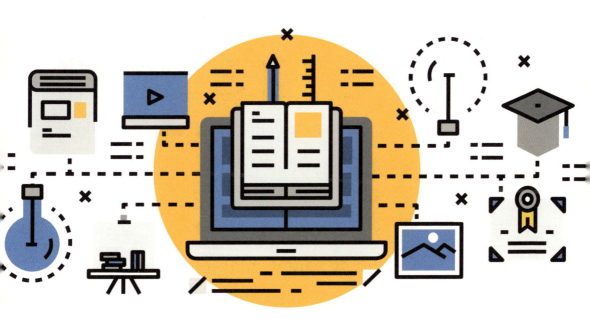

　　下面就跟你分享几个使用网络搜索引擎的小策略。

　　• 如果你希望检索到的文献更能聚焦专业的研究，那么可以在你输入的关键词后面加"+PPT"或"+PDF"，如以"教育大数据"为关键词进行搜索，能得到关于它的定义、讨论或大数据公司的信息，而使用"教育大数据+PPT"或"教育大数据+PDF"会直接得到更专业的解读或论文。

　　• 用引号将你要检索的关键词标注出来（注意是英文半角符号的引号，不是中文全角符号的双引号），这样可以保证你得到的是与关键词完全一致的资料。如使用"教育大数据"作为检索词，你就不会看到关于"教育"或"大数据"这类无关的文献。

　　• 在检索中有意识地使用布尔逻辑运算符。这个对英文检索特别有效，如通过"big data in education""big data in education" OR "data in K-12 education"和"big data in education" NOT "higher education"检索出来的结果会不一样。

　　• 注意关键词的意义差异，特别是中英文的差异。很多中英文的语汇并不是一一对应的关系，如教育平等（"education equality""equality in education"）与教育公平（"equity in education""educational equity"），中文和英文的解释意思差异很大。

· 注意多使用图像（image）检索，可以使用搜索引擎的图像搜索功能，一般能够得到很多概念结构图，可以以此溯源含有这些结构图的文章。

· 检索时要注意判断资源的可靠性，因为网上的很多资料来源不确定，导致资源并不可靠，需要我们进行分析和筛选。特别注意百科类（如维基百科、百度百科等）的检索结果不能直接作为论据在学术论文中使用，它们最大的优势是为你提供思路，让你可以按图索骥地查证信息和资料。

来几碗"学习鸡汤"

明明每天都在反复地背单词、做习题，头悬梁、锥刺股地用功，为什么学习就是没有效果呢？别人成天一副轻松自得的神情，最后却取得傲然的成绩，真是让人不平衡！都说学习是一门玄学，那么到底有没有营养的"学习鸡汤"来抚慰我们的心灵，我们该如何去寻找适合自己的学习方法呢？

给自己学习的信心

在归类为"成功励志学"的书籍中，有一类尤为畅销，那就是关于学习方法的书，简直令人眼花缭乱，当中不少书都总结了各种各样独特的学习方法。毕竟，大家都想知道优等生和成功人士是如何"炼"成的，他们的成功经验说不定也会让自己受益，借鉴借鉴总没坏处。

毕业于东京大学法学部的斋藤孝，现为日本明治大学文学部教授，他可以算是一个标准优等生了。他的兴趣是阅读人物传记，了解他们人生中发生重大转折的契机，并在《学会学习》一书中总结了十几种学习方法。下面是其中的几种方法。

一、"外界屏蔽法"

如果你想心无旁骛地学习，那么可以学习美国畅销书作家斯蒂芬·金的**"外界屏蔽法"**。他会为自己创造一个与外界隔绝的空间，使自己在一天的某段时间内专心致志地学习，如果没完成就不"出关"。日本动画片《白箱》的动画导演也有相同的经历：动画工作室同事为了让动画导演尽快画出动画分镜，将他锁在狭小的空间里，逼着他进行创作，没完成不许出来。这个方法特别适合重度拖延症患者和注意力涣散者。看来有时候人得逼自己狠点儿。

二、"自取其辱法"

"自取其辱"以点燃激情——这是日本西洋画家佐伯祐三的自我激励法。他曾将自己的画作拿给法国野兽派大师莫里斯·德·弗拉芒克点评，结果大师毫不留情地给了他差评。然而，这次负面评价竟成为佐伯祐三突破自我的契机，激发了新的创作热情。没人会喜欢否定的评价，但是否定也可以让人换个角度思考突破的方向。不过，此方法不太适合"玻璃心"的人，因为这对自信心的打击有可能不是一点半点。

三、"断绝妄想法"

对于焦虑不安、在胡思乱想中浪费时间的人，可以借鉴日本文学家坂口安吾的**"断绝妄想法"**。为了学习外语，他一有时间就翻外文字典，埋头寻找词语解释，以此来阻止自己在发呆和焦虑中荒废时间。与其成天以"没状态"为借口发呆，不如抄写一些英文词句来打消不安，只要坚持不懈，总会有收获。

四、"相互学习法"

假如你一个人就是无法学习的话，那么江户时代思想家吉田松阴的**"相互学习法"**是一个好的选择。他认为每个人可以轮流当老师，彼此学习，在向他人讲解知识的同时，自己对学习也会逐渐充满热情。比如，现在流行的"学习分享会"，大家可以畅所欲言，分享知识，碰撞思维的火花。但前提是每一个人都要准备好各自的知识点，否则就碰撞不起来，反而会浪费时间。也有人这样唱反调：这些成功人士的经历无非只是小概率事件，就算完全复制他们的成功经验可能也无法到达他们的高度。毕竟，他们的方法未必适合你，他们的经验也因时代变迁而有所局限。但重要的是，要如何选择并根据自身情况做出调整，这一切都取决于你自己。

刻意练习法

有一群人，每天都准点出现在教室和图书馆，看起来认真极了，就没看到他们有缺席的时候——桌上摆满了各种书，耳朵塞着耳机，然后不停地翻书、转笔尖，还不忘打开零食。结果，没到 15 分钟，就开始刷微信朋友圈、自拍或打开手机游戏……对于这些人来说，学习就像是一种仪式，每天必不可少，充满了干劲，花的时间不少，但是一整天下来其实效率低得可怕。还有这样的一群人，从来不思考学习的技巧，只是走形式般地上完课，做完作业，考试前反复复习。翻开他们的教材，上面都用彩笔画出了重点，笔记也记得满满的，但最后的成绩却令人失望……如果你不想像上面的人那样"打卡签到般"地学习，该怎么做呢？

佛罗里达州立大学教授安德斯·埃里克森花了30年时间分析音乐家和外科医生等精英人士是如何到达自身领域的顶尖水平的。他指出，花一个小时做"对的事情"比长时间心不在焉地学习要更加有效。他还强调了一个关键概念——"刻意练习"，也就是确定需要努力的方向，然后制订有目的性的计划，在实施的过程中不断调整和改进。埃里克森在论文中提到，优秀人士在达到顶尖水平前，要花1万个小时或10年时间以专注的方式进行训练。

值得注意的是，"刻意练习"并不意味着任何人在所有事情上只要遵守"1万个小时定律"就能成功，它要求人们带着目的去练习，并及时纠正学习中的错误。这个方法尤其适用于想要精通某种高超技艺的人。要想成功，需要投入大量时间认真做一件事情。

那么，如何做到"刻意练习"呢？

1. 从目标开始，了解自身拥有什么条件能够让自己实现目标，需要准备哪些知识和技能，自己能够做哪些事情或不应该做哪些事情，避免无用功。

2. 制订计划，并将计划拆分，每天严格遵守，设定最后期限，这样你就能知道自己是否停滞不前或进度已落后。为了不落后于计划，对自己"狠"一些。

3. 用视频或录音记录自己的进度，尤其适用于运动、演讲、舞蹈语言等技能学习活动，或是向有经验的人寻求反馈和指导。以网球为例，找一个专业人士来查看自己的发球技术是一个不错的方法。

4. 坚持并不是一件容易的事，如果进度实在停滞不前，那么你需要反思自己没做到的原因，并重新开始。

心理学家给的学习秘诀

多年来，心理学研究揭示了许多学习的秘诀，简言之就是自我测试。问自己问题，找到答案，回过头来重新认识你所不知道的事情，然后一次又一次地测试自己，直到你学会这些技能。

似乎不够具体？一起来看看美国心理学会介绍的关于学习的秘诀吧。文章刊登在 2014 年出版的《心理学》（第 11版）中，分析了九种学习秘诀。

1. 使用"3R"技巧。

上课前，你可以尝试使用"3R"技巧，阅读（Read）、讲述（Recite）和复习（Review）。比如，课前你需要读一章课文，你可以分成三个步骤：先读这一章的一部分文章，然后合上书本和笔记；接下来向你的朋友或马克杯大声背出你能够记得的内容；然后再次阅读这部分内容，纠正自己的错误，或是重新浏览你遗漏的重点内容。

在一项比较各种学习技巧的研究中，三组学生阅读了长篇的技术百科全书，其中第一组使用了"3R"技巧，第二组阅读两次，第三组阅读一遍文章，但在阅读的时候记笔记。一周后，每个人都进行了相同的测试，使用"3R"技巧的学生在测试中的表现要优于其他两组。更重要的是，使用"3R"技巧的学生花费的学习时间少于其他两组阅读和记笔记的时间。

2. 深入大脑。

你可不能像浏览微博那样肤浅地阅读教科书。许多人认为头脑就像一个箱子，只需要将信息输入其中，信息就会停留在那里。很遗憾，为了使信息能够长留在脑中，你必须要深度处理和吸收这些信息。有一种很好的办法是将新的知识和自己已知的信息相关联。比如，你可以联想适用于生活的例子——将学习到的英文表达方式用于实际的场景中。

3. 运用你的想象力。

好吧！这听起来有点玄乎，其实就是将知识点具体化并加以联想。比如，要记忆"神经胶质细胞"这种大脑最常见的细胞，它们主要负责固定神经元，常被称为神经系统中的"胶水"。你可以想象在大脑中一团团胶水粘住了神经元。

4. 测试自己。

在进行一门课程前，可以先做一份真题来预考。这样你能够对接下来的知识点有足够的重视，提高学习效率。就算交白卷或全蒙也没关系。预考的目的是让大脑知道哪些知识不会，在接下来的学习中，你会有意识地去重视那些不会的知识点。

5. 听课时要抬头，记得时不时放下手中的笔。

上课不像在平板电脑上看电影那样可以回放。如果你没有全神贯注地听课，你会错过很多重要的知识点。也许你会说，忙着记笔记更重要。但当你在课后打开自己满满当当的笔记时，是不是多少有点疑惑，这些笔记和知识点怎么看起来没什么联系？这些"鬼画符"究竟是什么意思？问题在于，当你在听课时，你没有在听到的内容和记下的笔记之间建立起联系。这样看来，笔记算是白记了。还有一种情况，老师会好心地将自己的课件拷贝给学生。于是，抱着这种心态的学生连笔记都懒得记，只要看老师的课件就好。但很多情况下，如果没有专心听讲的话，看课件会变得很困难，疑惑重重，此情况常见于临时抱佛脚准备考试时的"深夜时分"，根本无人可问。

6. 课后消化你的笔记。

你可以在课后参考美国心理学家艾略特·阿伦森的做法。在每节课后，找一个小角落来阅读潦草的笔记，并巧妙地总结笔记的核心。如果笔记缺少有意义的定义和信息，请重新组织并重写笔记。通过查阅教科书或朋友的笔记，甚至询问老师来填补空白信息。

7. 一旦你学会了知识点，就不要扔掉它。

你可能想跳过你学会的知识点。请不要这样做。相反，一个大型研究发现，通过回忆人们之前记得的信息来重新测试自己的学生，其考试成绩要明显优于那些跳过熟悉知识的学生。

8. 忘掉临时抱佛脚。

很多同学都有这样的感受，临考试前多熬几天夜，多喝几斤咖啡，将考点多背几遍就能取得好成绩。除了让自己两眼通红、蓬头垢面，这样做其实没什么好处。很少有学生能够提前制订学习计划并坚持下去。事实上，临时抱佛脚可能会让你在一段时间内记住知识点，但不利于长久记忆。就算你期中考试记住了这个内容，到了期末考试也会一片空白。因此，请不要将所有的努力都塞进一个集中的时间段，而是在整个学期中定期测试自己，并确保在常规测试中加入你已经学会的内容。

9. 自我解释。

一项对 6000 名志愿者的研究表明，自我解释知识点比老师或教科书教得要好。自我解释指的是解释（或记录）自己是如何得到答案或结论的。自我解释作为中等效果的技巧，也比记笔记、概括、自言自语等方法的效果要好。科学家认为，自我解释是一门强大的学习技巧，因为它能"增强对知识的理解深度，并及时发现自己的知识空白点"。

以上是来自心理学家的学习建议，它们能够控制情绪、改善记忆和减少不良学习习惯，但建议再好，一切都取决于你自己的实际情况。

学习有道，找到适合自己的学习方法。

在求知的路上从来不缺乏别人的成功经验和方法。你也许会说，我没少参考学霸的学习方法，但根本不管用，就好像好喝的"鸡汤"，喝完就完了，后劲不足。相信大部分人都有类似的经历，各种学习方法的书籍没少买，但学习就是上不去。的确，找到适合自己的学习方法只能靠自己来摸索，

没人能直接将答案递到你面前。

在摸索学习方法之前，不如先认识自己，了解自己的能力，擅长什么和不擅长什么。比如，记忆力如何，注意力特征如何，学习效率的时段性是怎样，是否有足够的毅力，是否有拖延症，等等。毕竟，别人的学习方法再好，也只属于别人的成功。只有根据自身情况来调整学习方法，才能学而有道。

必须要会的十大学习技巧

一项研究公布了十大最受欢迎的学习技巧，并对它们的效果进行了排名。这些方法根据效果从高到低分为高效、中等和低效。我们一起来看看这个排名，看你是否认可它。

1. 分散式训练——高效。

分散式训练是一种将学习任务分配到几个时段的阶段性学习方法，它给了大脑足够多的时间去理解和吸收信息。在一个学期中应用分散式训练最好的方法是运用 24 小时的时间间隔来复习和巩固你所学的知识，在进行 4 次 24 小时的间隔后，稍微延长时间间隔。

2. 实践式测试——高效。

实践测试被学习专家称为记忆信息的最佳方式

之一。它不一定是真正的测验，不一定需要测试环境。你可以在脑中通过自问自答来测试自己，也可以在没有笔记或教科书的情况下通过解决难题来测试自己。实践式测试适用于各种学习任务，不过为了保证效果，在练习测试之后不要立即重试，应该隔开足够长的时间。

3. 交互练习——中等效果。

交互练习是指学生一边学习新主题，同时也复习之前学过的主题或概念，做到温故而知新，这对于学习数学、科学和外语来说相当管用。

4. 自我解释——中等效果。

自我解释是解决抽象性问题的流行方法，且在学习的初级阶段更为有效。在进行自我解释时，请记下想要问自己的问题，然后写下答案。这个过程有助于你进一步理解知识点。

5. 仔细阐述——中等效果。

和自我解释相似，仔细阐述是你通过问"为什么"来获得对概念的理解的过程，这个方法局限于事实性知识的学习，如一些数学公式是如何被推导出来的。

6—10.总结、重读、关键词记忆、对知识进行想象、突出重点 / 画线 / 标记——低效。

有些意外，排名6—10的方法都是我们最常用的学习技巧，尽管原因不同，但它们却在研究中得了较低分。

我们的探索学习之旅到今天就结束了，但你的学习之旅才刚刚开始，并且永无止境。加油吧，相信自己，相信学习的力量，坚持不懈地追求知识，愿你在学习的旅途中不断成长、不断超越！

后 记

　　亲爱的小读者，不知不觉间你已经完成这场充满惊奇的探索之旅。相信这本小小的学习指南已经完成自己的使命，为你推开了通往新世界的大门。洞察了学习的奥秘后，你一定可以用全新的视角来看待学习了。在即将告别之际，让我们停下脚步，怀着自豪的心情来盘点一路走来的收获吧。

　　在旅行之初，你了解到学习是所有生物赖以生存、进化的本能，意识到在信息爆炸的时代，聪明的学习者不会将学习视为压力，而是把它当作个人成长的引擎，它会推动你在变幻莫测的社会中找到自己的位置。在探索学习奥秘的过程中，你是否会迫不及待地在实际生活中运用这些新方法呢？我想，你也许已经在翻转课堂的过程中，成为学习的主人。也许正在尝试跨学科项目式学习，打破知识的边界，释放创意和想象。也许你正着手培养永不停歇的成长型思维，根据大脑原理创建自己的知识库，利用迁移规律掌握新知，搭上网络快车开启基于资源的学习……

　　一番粗略盘点，你是否被自己丰硕的收获惊艳到了？其实除了这些有形的方法，你还有不少无形的收获，比如在认知上的根本性进步。现在的你一定明白了要使用创造性的思维来解决问题，懂得了要用批判性的眼光来审视世界，你还学会了如何与他人合作，如何用同理心理解他人的需求……不要小看这些"隐性"收获，这些能力同样会让你受益终身。

年轻的朋友，恭喜你汲取了这么丰富的知识和智慧。但是要让这些智慧的种子开花结果，真正转化为你自己的智慧之光，还需要付出一番持久的努力，在自己的学习生活中不断实践、反思、调整。在实践中遇到挫折与挑战是再自然不过的事情，相信我，这是每个卓越的学习者的必经之路。请你坚持不懈地尝试、调整，即使暂时没有取得理想的效果，也不要灰心，因为你的每一次努力都是对自己的提升，每一次坚持都能使你的学习跃上新的台阶。

在今后的学习生活中，大胆应用、尽情享受这次学习之旅带给你的收获吧。愿你永远保持对知识的渴望和对世界的好奇，勇往直前，无所畏惧。